Franz und Renate Steiner

Die besten Ideen zum Jahreskreis

Bibliografische Information Der Deutschen Bibliothek
Die Deutsche Bibliothek verzeichnet diese Publikation in der Deutschen Nationalbibliografie; detaillierte bibliografische Daten sind im Internet über http://dnb.ddb.de abrufbar.

2. Auflage (2003)
Gedruckt in Österreich auf umweltfreundlich hergestelltem Papier
Lektorat: Gerlinde Steinberger, Adnet
Herstellung: Ingrid Zuckerstätter, Wilhering
Layout, Illustrationen, Umschlaggestaltung und Satz: Franz Steiner, Henndorf
Druck, Bindung: Friedrich VDV, Linz

ISBN 3-7058-6001-1

Franz und Renate Steiner

Die besten Ideen zum Jahreskreis

Für Kindergarten,
Schule und Eltern

VERITAS

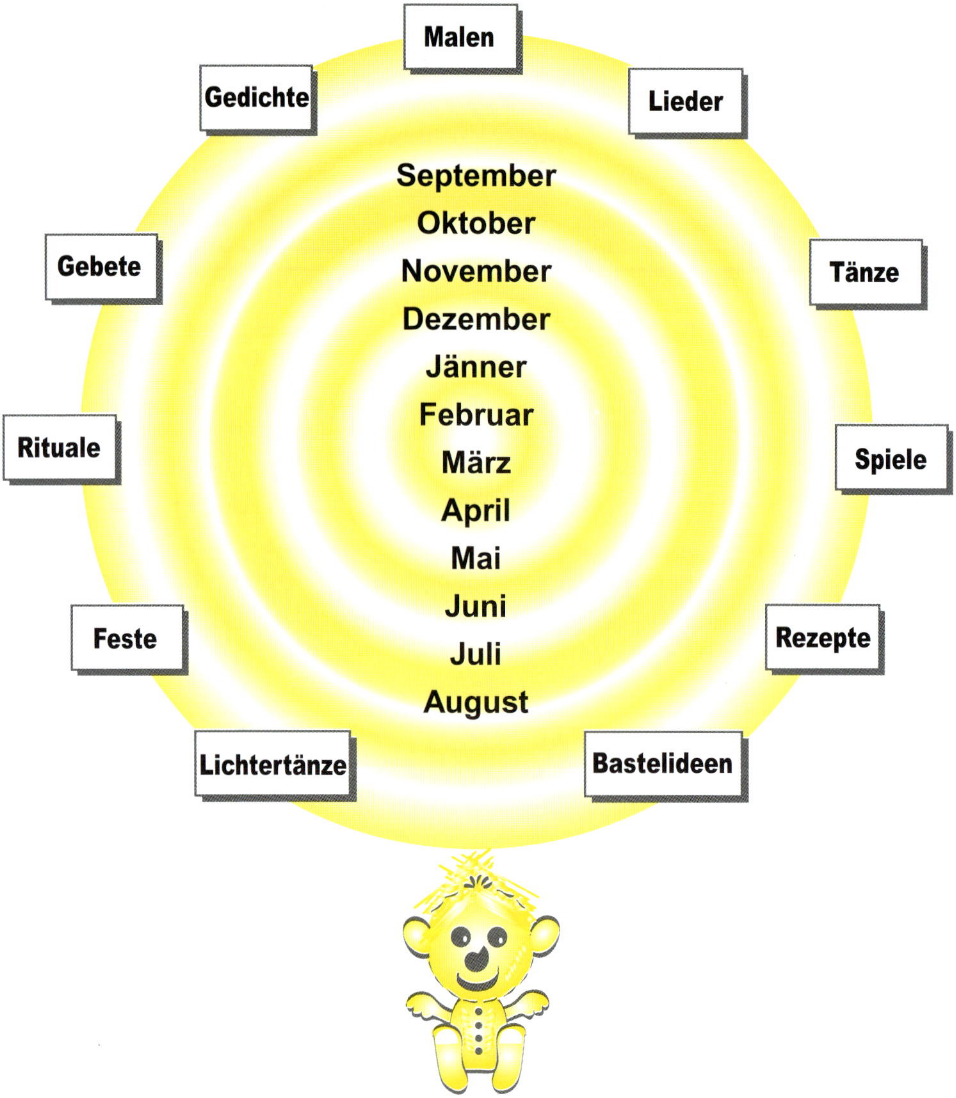

Malen
Lieder
Tänze
Spiele
Rezepte
Bastelideen
Lichtertänze
Feste
Rituale
Gebete
Gedichte
September
Oktober
November
Dezember
Jänner
Februar
März
April
Mai
Juni
Juli
August

Liebe Leserinnen,
liebe Leser!

Mit unserem neuen Buch möchten wir Sie einladen den Jahreskreis, in den wir eingebunden sind, bewusster zu erleben. Gemeinsam mit den Kindern wollen wir die Besonderheiten und Vielfältigkeiten eines Jahres im Alltag spielerisch hervorheben. Dabei gilt es, das Kleine zu entdecken und sich Zeit zu nehmen für ein sinnliches Verweilen.
Darüber hinaus möge die Freude an der Gemeinschaft, die Wertschätzung jeder einzelnen Person und die Achtung vor der Natur als gemeinsame Basis dienen. Lebendiger Dialog und ehrliche Beziehungen zwischen Erwachsenen und Kindern bilden dabei gerade heute, in der oft schnelllebig empfundenen Zeit, den erforderlichen Rahmen für eine positive kindliche Entwicklung sowie Vertrauensbildung. Weiters helfen uns Rituale den Arbeitstag zu strukturieren, um durch Wiederholung Sicherheit und Geborgenheit zu erfahren.
Das für Sie ausgewählte und sorgfältig zusammengestellte pädagogische Material wurde teils aus unseren – vom Bundesministerium für Unterricht und Kunst in Wien empfohlenen – Büchern „Spielend in den Herbst", „Veritas Adventbuch" und „Spiele, Spaß und Irgendwas" entnommen. Insgesamt jedoch kommen in dem Buch eine Menge an neuen und zeitgemäßen Ideen zum Tragen, die sich alle in der Praxis hervorragend bewährt haben und die wir gerne in übersichtlicher Form als „Best of-Collection" an Sie weitergeben.
Lassen Sie sich inspirieren von unseren vielfältigen Anregungen, den Spielen, Liedern, Tipps für die Elternarbeit, Bewegungsimpulsen, Tänzen, Bastelideen, Kochrezepten und vielem mehr! Die besten Ideen zum Jahreskreis sollen zu aktivem Handeln anregen und eigenständige kreative Spiel- und Lernprozesse der Kinder ermöglichen.
Machen Sie sich auf und gehen Sie mit den Kindern auf eine spannende und lustige Entdeckungsreise, von Tag zu Tag, von Woche zu Woche durch ein lebendiges Arbeitsjahr.

In diesem Sinne wünschen wir Ihnen viel Freude, Kraft und Inspiration!

Renate und Franz Steiner

Was finde ich in diesem Buch?

Das macht Spaß

Komm mit zur Faschingsparty

7. Kapitel
Wer hoppelt über die Wiese?

Wenn die Natur erwacht

Ostern entgegengehen

8. Kapitel
Komm lieber Mai!

Muttertag/Vatertag

Riecht ihr schon den Sommer?

9. Kapitel
Auf in ferne Länder!

Spielideen aus aller Welt

Urlaubszeit/Reisezeit

AutorInnenporträt

1. Kapitel

Jetzt geht´s los!

Kindergarten-/Schulbeginn
So feiern wir Geburtstag
Ideen für lebendige Elternabende

Herzlich willkommen!

Kindergarten-/Schulbeginn

Der Urlaub ist vorüber

Renate Steiner

(Begrüßungslied)

.... Zum Jahresbeginn einander fröhlich kennen lernen

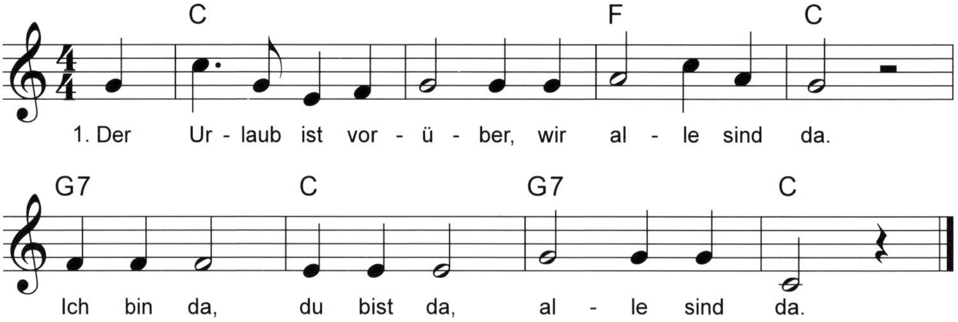

C F C
1. Der Ur - laub ist vor - ü - ber, wir al - le sind da.
G7 C G7 C
Ich bin da, du bist da, al - le sind da.

2. Der Urlaub ist vorüber, wir alle sind da,
   ich bin da, du bist da, der Kasperl ist da.

Spielimpuls

Der Kasperl (Handpuppe) begrüßt die Kinder, möchte alle Namen erfahren, plaudert über Sommererlebnisse und erzählt, worauf er sich im heurigen Jahr besonders freut.

3. Der Urlaub ist vorüber, wir alle sind da,
   die Hanna ist da, der Wolfgang ist da, alle sind da.

Spielimpuls

Das genannte Kind verbeugt sich vor den anderen oder winkt ihnen mit der Hand zu, evtl. auch mit einem Tuch.

Komm ich bei der Tür herein

mündlich überliefert

(Spruch)

.... Begrüßungsrituale einführen

Komm ich bei der Tür herein,
Grüßen soll das Erste sein!
In der Früh heißt´s „Guten Morgen“,
später dann „Grüß Gott“.
Muss ich aber wieder gehen,
sag ich schön „Auf Wiedersehen!“

Was wir am Morgen alles machen

Renate Steiner

(Fingerspiel)

.... Sprache erleben – Sich bewegen

1. Finger: Der hüpft aus dem Bett und sagt: „Guten Morgen!“
2. Finger: Der putzt sich die Zähne und wäscht sein Gesicht.
3. Finger: Der zieht sich eine Hose und das Hemd an.
4. Finger: Und der trinkt eine Schale voll Milch.
5. Finger: Und der läuft ganz schnell in den Kindergarten,
wo schon alle Kinder auf ihn warten.
Die Kinder rufen laut: „Hurra, unser Freund ist endlich da!“

Anleitung

Den genannten Finger hochstrecken und die zum Text passende Bewegung ausführen.

Spielvariante

Drei Kinder gehen vor die Tür. Alle anderen wiederholen gemeinsam das Fingerspiel. Bei „Die Kinder rufen laut: ‚Hurra‘ “ kommt ein Kind herein und die anderen fügen dessen Namen ein: „...., unser Freund, der Klaus, ist endlich da!“
Das Spiel wird so lange fortgesetzt, bis auch die anderen beiden Kinder wieder in der Gruppe sind.

Diese Variante eignet sich besonders gut zum Einprägen aller Namen der Kinder zu Jahresbeginn.

Mit dir zusammen sein

Renate Steiner

(Gedicht)

.... Gegenseitige Wertschätzung ausdrücken

Mit dir zusammen sein, das wäre fein!
Vielerlei Sachen könnten wir machen:
uns in die Augen sehn,
Hand in Hand spazieren gehn,
nebeneinander Kopf stehn,
gemeinsam die Welt verdrehn.
Wann kommst du mich besuchen?
Ich back dir einen Kuchen!

Aufräumen

mündlich überliefert

(Fingerspiel)

.... Zusammenhelfen – Wünsche formulieren

1. Finger: Der fragt: „Aufräumen, was ist denn das?"
2. Finger: Der sagt: „Aufräumen, das macht mir keinen Spaß!"
3. Finger: Der sagt: „Aufräumen, das finde ich viel zu dumm!"
4. Finger: Der sagt: „Aufräumen, da mach ich keinen Finger krumm!"
5. Finger: Der kleinste aber sagt: „So geht das nicht, da finden wir ja unsere Spielsachen nicht! Lasst es uns gemeinsam machen, dann haben wir viel Zeit für andere lustige Sachen!"

Anleitung

Der Reihe nach den passenden Finger hochstrecken. Danach fragt die Spielleiterin/der Spielleiter die Kinder nach ihren Lieblingsaktivitäten, z. B. „Was möchtest du heute am liebsten tun?" oder „Was ist dein größter Wunsch?" Diese Aktivitäten könnten dann im Anschluss an das Spiel und nach dem Aufräumen durchgeführt werden.

Zeichenmappe

(Bildnerisches Gestalten)

.... Kreativität und Ausdrucksfähigkeit fördern

Material

Zeichenkarton, flüssige Malfarben, dicke Pinsel oder kleine Spritzflaschen

Anleitung

Die Kinder wählen drei Farben aus und spritzen sie mit dem Pinsel oder einer kleinen Plastikflasche schwungvoll auf den Zeichenkarton. Danach falten die Kinder den Karton in der Mitte und streichen fest mit der Hand über die Außenseite. Die nassen Farben fließen ineinander und es entstehen interessante symmetrische Schlierenmuster. Zum Trocknen wird der Karton wieder auseinander geklappt. Die beiden Schmuckseiten bilden später die Außenseite der Zeichenmappe.

Die Klatschtechnik eignet sich besonders gut für großflächiges Arbeiten. Jedes Kind kann damit eine eigene Mappe gestalten, in der es das ganze Jahr über seine Zeichnungen sammelt.

Erinnerungsheft

(Eindrücke und Erlebnisse festhalten)

.... Kindertagebuch – Erinnerungsvermögen stärken

Material

Unliniertes Heft (Mittelquart), Packpapier, Malfarben, Pinsel

Anleitung

Die Kinder fertigen aus dem Packpapier mit Hilfe der Klatschtechnik (siehe oben) oder einer ähnlichen Technik ein Schmuckpapier an. Dieses mit Klatschtechnik verzierte Packpapier kann als Hefteinband für ein Kindertagebuch dienen, in dem die Kinder alle wichtigen Eindrücke, Erlebnisse, Beobachtungen festhalten. Natürlich finden auch Zeichnungen und kleine Basteleien wie Scherenschnitte, Klebebilder oder Mandalas im Tagebuch Platz.

Vor den Sommerferien nehmen die Kinder ihr Heft als Erinnerung an die Kindergarten- oder Vorschulzeit mit nach Hause.

Spinnennetz
(Gemeinschaftsspiel)

.... Namen rufen – Motorik und Geschicklichkeit fördern

Die Kinder bilden stehend oder sitzend einen Kreis. Eines erhält ein Wollknäuel und ruft ein anderes Kind beim Namen auf. Dieses holt nun das Knäuel. Achtung! Das erste Kind behält das Fadenende fest in der Hand und während das zweite Kind auf seinen Platz zurückgeht, wickelt es die Wolle ab. Am Platz angekommen ruft es nun einen anderen Namen auf und das Spiel wiederholt sich. Erst wenn alle Kinder aufgerufen wurden, ist das Spiel zu Ende. Es entsteht ein interessantes Fadennetz.

Weiterführende Idee

Um das Spiel anspruchsvoller zu gestalten, sollten möglichst viele Fäden gespannt werden. Alle TeilnehmerInnen müssen sich gut überlegen, wie sie den Faden am besten durch das Netz führen. Es erfordert große Geschicklichkeit entweder das Netz tief zu halten und zwischen den Fäden durchzusteigen oder das Netz hochzuheben und unterhalb durchzukriechen. Vielleicht gelingt es das Wollknäuel wieder aufzuwickeln?

Wer bist du?
(Gemeinschaftsspiel)

.... Namen kennen lernen – Sprachförderung

Die Kinder sitzen oder stehen im Kreis. Die Spielleiterin/der Spielleiter hält einen Ball (oder Tuch, Musikinstrument, Herbstblatt, Kastanie, Teddybär usw.) in der Hand und stellt sich kurz vor, z. B. „Ich heiße Claudia!" Danach wird der Gegenstand an das nächste Kind mit der Frage „Und wer bist du?" weitergereicht. Dieses anwortet und fährt in gleicher Weise fort.

Spielvariante

Die Spielleiterin/der Spielleiter reicht den Gegenstand an ein beliebig ausgewähltes Kind weiter und verändert die Fragestellung, z. B.

„Womit spielst du am liebsten?"
„Welches Platzzeichen hast du im Kindergarten?"
„Was schmeckt dir am besten?"
„Nenne mir deine Lieblingsfarbe!"
„Hast du ein Haustier zu Hause? Welches?"
„Was tust du nicht gerne?"

Wir schauen hin, wir schauen her

Renate Steiner

(Kreisspiel/Lied)

.... Kreative Bewegungserziehung – Sich präsentieren

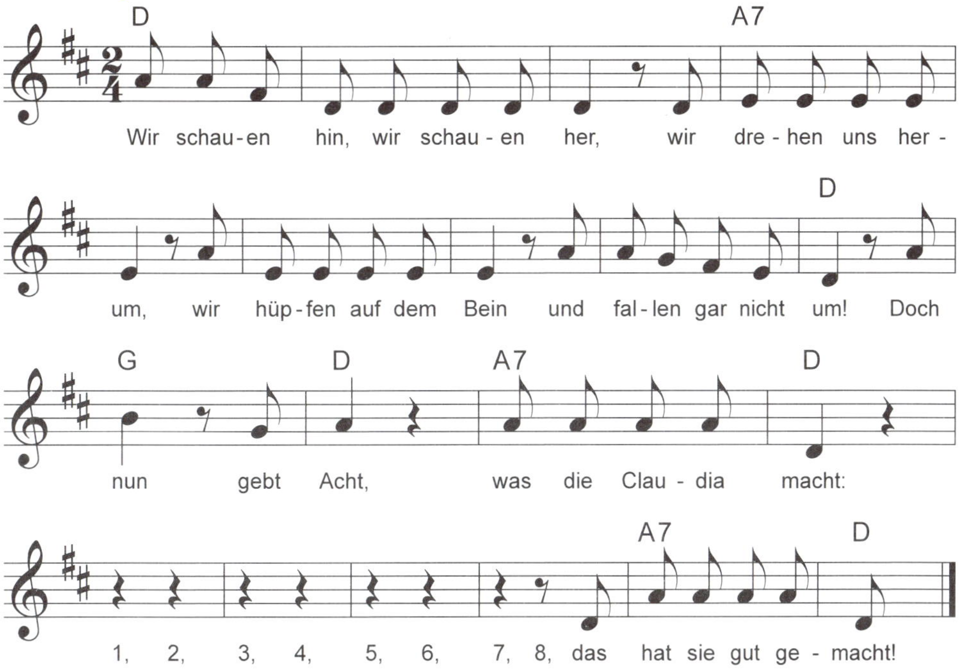

Die Kinder stehen im Kreis und führen die Bewegungen zum Text passend aus. Bei jeder Strophe singen sie abwechselnd den Namen eines Kindes. Dieses tritt in die Kreismitte und erfindet spontan eine Bewegung, z. B. stampfen, hüpfen, wippen usw. oder es erfindet eine Bewegungsabfolge wie z. B. in die Hocke gehen, wieder aufstehen, Hände nach oben strecken, Arme nach unten fallen lassen. Die übrigen Kinder singen 1, 2, 3, 4, 5, 6, 7, 8 und beobachten das Vorgezeigte. Bei „Das hast du gut gemacht!" klatschen alle in die Hände und zeigen damit ihre Anerkennung.

Spielvarianten:

- Alle TeilnehmerInnen versuchen die Bewegungen möglichst schnell nachzuahmen.
- Die Kinder können verschiedene Gegenstände (Ball, Reifen, Tuch, Kastanie, Papierkugel usw.) verwenden und damit neue Bewegungen erfinden.
- Unter Verwendung von Gymnastikgeräten kann dieses Kreisspiel als Abschluss einer Turn- und Rhythmikstunde durchgeführt werden. Verwenden die Kinder anstelle der Gegenstände Instrumente, so lässt sich das Kreisspiel zu einem Tanztheater ausbauen.

Little Animals

Renate Steiner

(Englisches Kinderlied/Kanon)

... Freude an Fremdsprachen wecken – Welttierschutztag hervorheben

Das Lied wird zur Melodie von „Ein kleiner grauer Esel“ gesungen.

There is a dog, there is a dog, there is a little dog.
The dog cries wau-wau-wau-wau, the dog cries wau-wau!
Wau-wau, wau-wau, wau-wau, wau-wau, wau-wau!

Auf Deutsch heißt es:

Da ist ein Hund, da ist ein Hund, da ist ein kleiner Hund.
Der Hund bellt wau-wau ...!

Variante

Auch andere Tiernamen können in englischer/deutscher Sprache in das Lied eingefügt werden, z. B.

cat (Katze), **mouse** (Maus), **bird** (Vogel), **hen** (Henne) usw.

Hinweis

Das Lied entstammt dem Buch „Bunte Tierwelt“ von Franz und Renate Steiner, Veritas-Verlag, Linz, Seite 37. Darin gibt es auch Tierfabeln, Witze, Rätsel, Bastelideen und Tipps für Ausflüge in Tiergärten und Wildparks, Wissenswertes, Lieder und vieles mehr.

Jedes Jahr am 4. Oktober wird der Namenstag des heiligen Franz von Assisi gefeiert. Es ist der Welttierschutztag und soll uns den liebevollen und richtigen Umgang mit Tieren bewusst machen. Der hl. Franz von Assisi gilt als Schutzpatron der Tiere! Lustig wäre auch ein gemeinsamer Ausflug in einen Tiergarten.

So feiern wir Geburtstag

Geburtstagskalender

(Feste feiern)

.... Zeitliche Orientierung im Kalenderjahr ermöglichen

Material

Eckige Bierdeckel (Anzahl der Kinder + 12 Stück für die Monate), Zeichenpapier, Bänder, 1 kleines Foto von jedem Kind, Malfarben, Filzstifte, 1 Wäsche- oder Büroklammer, Klebstoff, Schere

Anleitung

Die Bierdeckel zuerst einfärbig bemalen und dann die Fotos aufkleben. Als Nächstes bemalen die Kinder die 12 Bierdeckel für alle 12 Monate im Geburtstagskalender mit passenden Motiven.
Nachstehend einige Vorschläge:

Jänner	Schneemann	**Juli**	Sonne
Februar	Clown	**August**	Wasserfrosch
März	Osterei	**September**	Obst
April	Blume	**Oktober**	Drachen
Mai	Marienkäfer	**November**	Laterne
Juni	Sandspielzeug	**Dezember**	Weihnachtsbaum

Sind die 12 Monatsbilder fertig, werden sie an einer geeigneten Wand mit Hilfe der Bänder nebeneinander befestigt. Mit dem Monat September beginnen!

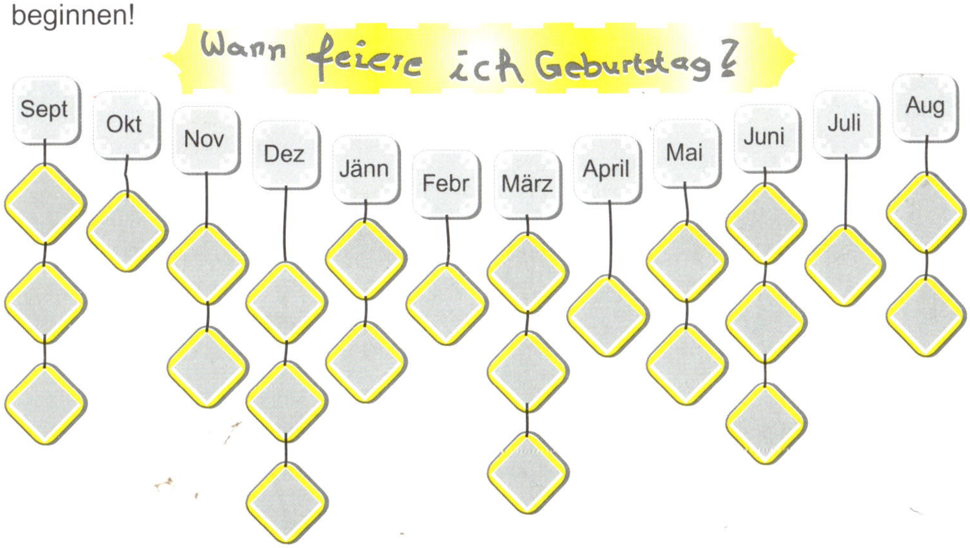

Die Kinderfotos werden nun in Form einer kleinen Fotogalerie senkrecht unter den einzelnen Monaten angebracht. Die Reihung erfolgt nach den Geburtsdaten, z. B. unter den September alle Fotos, der im September geborenen Kinder usw. Die Fotos können zusätzlich mit dem Namen und dem Geburtsdatum des jeweiligen Kindes beschriftet werden.
Besonders attraktiv wirkt über dem Kalender eine optisch ansprechende Überschrift wie z. B.

„Wann feiern wir Geburtstag?“ oder „Wir Geburtstagskinder“ usw.

*Wird der Geburtstag eines Kindes im neuen Kindergarten-/Schuljahr gefeiert, steckt die Spielleiterin/der Spielleiter eine kleine Glückwunschkarte mit Hilfe einer Klammer am Foto fest.
Diese Glückwunschkarte wandert nun das ganze Jahr über von Geburtstagskind zu Geburtstagskind weiter. Somit gewinnt der Geburtstag an Bedeutung und die Kinder können sich optisch mit Hilfe der Jahreszeitmotive im Kalenderjahr besser orientieren.*

Festkreis zum Geburtstag

(Geburtstagsspiel)

.... Geburtstagskind in den Mittelpunkt rücken – Selbstwertgefühl stärken

Alle Kinder bewegen sich frei im Raum (oder im Garten). Ruft die Spielleiterin/der Spielleiter den Namen des Geburtstagskindes, bleibt es sofort stehen und alle Übrigen bilden möglichst rasch einen Kreis um das Festtagskind. Dabei reichen sie sich die Hände und rufen:

„Das Geburtstagskind lebe hoch!“

Bei dem Wort „hoch“ strecken alle ihre Arme in die Höhe. Nun erfindet das Geburtstagskind innerhalb des Kreises eine Bewegung, z.B. hüpfen, laufen, schleichen oder kriechen. Alle Kinder übernehmen diese Bewegungsform, dabei löst sich der Kreis auf.
Die Spielleiterin/der Spielleiter ruft nach kurzer Zeit erneut den Namen des Geburtstagskindes, worauf es wieder wie versteinert stehen bleibt.
Die anderen bilden erneut einen Kreis um das Geburtstagskind, strecken die Arme hoch und setzen das Spiel wie beschrieben fort.

Spielvariante

Alle Kinder bewegen sich in flottem Schritt frei im Raum oder im Garten umher. Das Geburtstagskind selbst ruft nun ein anderes Kind beim Namen. Dieses nimmt möglichst rasch eine beliebige Position ein und stellt eine lustige Statue dar. Alle TeilnehmerInnen ahmen diese Figur nach.
Das aufgerufene Kind löst seine Position auf, betrachtet nun die anderen „Statuen“ und wählt die am besten gelungene aus.
Wurde die Auswahl getroffen, z. B. durch Aufrufen des Namens, laufen nun alle Kinder wieder weiter.
Das Spiel kann beliebig lange fortgesetzt werden, indem das jeweils ausgewählte Kind wiederum ein anderes Kind beim Namen ruft usw.

Geburtstag hat ein jedes Kind

(Geburtstagslied)

.... Geburtstagsrituale einführen – Emotionale Erziehung fördern

2. Fünf Jahre bist du heute alt, das wissen wir genau!
   Viel Glück und Segen wünschen wir, fünf Kerzen brennen, schau!
   (Das richtige Alter des Geburtstagskindes einsetzen, auch bei der Anzahl der Kerzen!)

   Variante
   Sechs Jahre bist du heute alt, das wissen wir genau!
   Nun kommst du in die Schule bald, sechs Kerzen brennen, schau!

Ref.:
   Es lebe hoch der ...(z.B. Florian), er lebe dreimal hoch!
   Hoch lebe unser Florian, er lebe hoch, hoch, hoch!

3. Gemeinsam woll´n wir feiern nun, gemeinsam lustig sein!
   So tanzen wir im Kreis herum, hurra, das ist doch fein!

Spielimpuls

Beim Refrain „Er lebe dreimal hoch“ strecken alle die Arme in die Höhe. Während der dritten Strophe tanzt das Geburtstagskind mit einem anderen Kind (Freund/Freundin) im Kreis, die Übrigen klatschen dazu.

Ideen für Geburtstagsrituale

- Das Geburtstagskind darf sich aus drei ätherischen Duftölen eines für die Duftlampe zur Feier des Tages auswählen.
  Die Duftöle können der Jahreszeit entsprechend auch gewechselt werden.

  Zum Beispiel:
  .... im Herbst / *Apfel, Zwetschke*
  .... im Winter / *Zimt, Tanne*
  .... im Frühling / *Birke, Nelke*
  .... im Sommer / *Zitrone, Orange*

- Vier Blumen oder Tücher als Symbole für die vier Jahreszeiten in den vier Himmelsrichtungen auf den Boden legen. Das Geburtstagskind geht nun so viele Male um diesen Kreis herum, wie es alt ist. Bei jeder Runde erinnert die Spielleiterin/der Spielleiter an eine Begebenheit aus dem jeweiligen Jahr oder bespricht Entwicklungsschritte.
  „Wie groß ist ein Kind mit einem Jahr? Mit zwei Jahren kann es schon alleine gehen, mit drei Jahren braucht es keine Windel mehr usw.“
- Geburtstagskerzen
- Geburtstagskrone oder Schleier
- Geburtstagsthron
- Anhänger (Muschel), auf dem das Alter des Kindes steht
- Geburtstagsjause (Teller mit Obst, zur Jahreszeit passend)
- Geburtstagsgeschenk (Hüpfgummi in Filmdose, eine Spielidee dazu finden Sie in „Bunte Tierwelt“ von Franz und Renate Steiner, Veritas-Verlag, Linz, Seite 102–103).

Sprüche legen

(Eröffnungsspiel)

... Kontakte pflegen – Miteinander ins Gespräch kommen

Material

Verschiedenfärbige Papierstreifen (ca. 10 cm breit, unterschiedlich lang), dicker Filzstift

Anleitung

Zuerst wählt die Spielleiterin/der Spielleiter einen Spruch, der als Motto des Elternabends dienen soll (siehe unten). Danach jeweils ein Wort dieses Spruches auf einen Papierstreifen schreiben. Die Schrift groß genug ausführen, dass alle Wörter gut lesbar sind. Jeder/jede TeilnehmerIn erhält nun einen oder zwei Papierstreifen. Gemeinsam legen die Eltern die Wörter auf dem Boden auf und versuchen dabei, den Spruch wieder sinnvoll zusammenzusetzen.
Bei einer größeren TeilnehmerInnenzahl können auch mehrere Sprüche aufgelegt werden. Für jeden Spruch eine eigene Papierfarbe wählen.

Sprüche

- Wir können die Kinder nach unserem Sinne nicht formen, so wie Gott sie uns gab, so muss man sie lieben. *(Goethe / = 20 Wörter)*
- Ärgere dich nicht darüber, dass der Rosenstrauch Dornen trägt, sondern freue dich darüber, dass der Dornenstrauch Rosen trägt. *(Arabisches Sprichwort / = 18 Wörter)*
- Jeder Mensch hat das Recht seine eigene Meinung zu sagen, auch wir Kinder! *(Kinderrechtskonvention, Artikel 12 / = 13 Wörter)*
- Kinder sprechen für sich mit ihren Augen und mit allem, was sie tun, jedes einzelne auf seine Weise. *(Renate Steiner / = 18 Wörter)*

Jeder Mensch hat das Recht seine eigene Meinung zu sagen,

auch wir Kinder!

Räume erkunden

(Orientierungsspiel)

.... Eltern lernen Gruppenraum/Schulklasse räumlich besser kennen

Die Spielleiterin/der Spielleiter versteckt vor dem Eintreffen der Eltern Kastanien oder kleine von den Kindern vorbereitete Geschenke im Raum. Je schwieriger die Verstecke zu finden sind, desto intensiver müssen sich die Eltern mit den verschiedenen Bereichen wie Leseecke, Puppenstube, Kaufmannsladen, Bauplatz usw. auseinander setzen. Selbstverständlich dürfen die Eltern die Dinge, die sie finden, mit nach Hause nehmen. Wenn Kastanien versteckt wurden, können die Eltern (TeilnehmerInnen) diese am Ende der Veranstaltung gegen eine Bastelei, die die Kinder bereits auf einem Tisch vorbereitet haben, eintauschen und mitnehmen.

Ideen für kleine Geschenke

- Holzwäscheklammer bemalt mit Band zum Aufhängen
- Igel aus beliebiger Knetmasse mit Zahnstocherstacheln
- Glückwunschkarten mit Blätterdruck oder beliebig anderen Techniken gestaltet

Begrüßungstanz

(Singspiel)

.... Offen aufeinander zugehen – Freude an Bewegung fördern

Alle TeilnehmerInnen gehen im Raum spazieren und rufen: „Eins, zwei, drei, vier, hallo-hallo!“ Bei „Hallo-hallo!“ begrüßen sich zwei aufeinander treffende Partner und reichen sich die Hand. Mit vier Hopsern (Hüpfsprüngen) drehen sie sich im Kreis und gehen wieder weiter. Den Tanz so lange wiederholen, bis sich möglichst viele TeilnehmerInnen gegenseitig begrüßt haben.

Weiterführende Idee

Die Begrüßung kann auch auf Englisch erfolgen: „One, two, three, four, hello-hello!“ Als Begleitung eignet sich Playbackmusik besonders gut, z. B. die Playbackversion des Liedes „Der Zeiger Ticke-Tack“, Titel Nr. 13 der CD „Wobu-Dobu-Klirre-Klax“ von Franz und Renate Steiner, Domino Musikverlag, Mauerkirchen.

Dieser fröhliche Tanz bildet eine gute Grundlage zum gegenseitigen Kennen lernen von Erwachsenen wie auch von Kindern.

Selbstporträt zeichnen

(Verrückte Zeichnung)

.... Humor und Kreativität entdecken – Sich mit anderen Augen sehen

Alle TeilnehmerInnen bekommen einen Zeichenkarton im Format A4 und einen dicken, dunkelfärbigen Filzstift. Sie halten sich den Karton vor das Gesicht und zeichnen nach Anweisung der Spielleiterin/des Spielleiters auf der Außenseite alle Teile ihres Gesichtes nach (...das rechte Auge, den Mund, die linke Augenbraue, die Nase, das linke Auge, die Kontur des Gesichts, die Haare usw.). Die TeilnehmerInnen sehen während des Zeichnens nicht, was dabei entsteht, da der Filzstift von vorne geführt wird. Erst zum Schluss drehen alle das Bild um und entdecken ihr witziges Porträt. Die Überraschung ist bestimmt sehr groß! Anschließend signieren alle ihr Werk und eine persönliche Vorstellrunde kann eingebaut werden, bei der alle SpielteilnehmerInnen ihr Bild präsentieren und etwas über sich selbst erzählen (z. B. „Was war in der Kindheit meine Lieblingsbeschäftigung, was heute? Was tue ich gerne, was mag ich nicht?").

Weiterführende Idee

Überaus interessant ist ein Umfragespiel, das zum Thema des Elternabends passt. Dazu stellt die Spielleiterin/der Spielleiter eine bestimmte Frage und legt vorbereitete Anworten (auf Zeichenblätter geschrieben) im Raum verteilt auf, z. B. „Welchen Sport habe ich als Kind am liebsten betrieben? Rad fahren, Schwimmen, Eis laufen, etwas anderes?". Alle TeilnehmerInnen wandern von Antwort zu Antwort und suchen sich jene aus, die ihnen am besten entspricht und legen ihr Porträt dazu. Wer möchte, kann auch gleich etwas über sich selbst erzählen. So entwickeln sich verschiedene Themen, die anschließend in der Gruppe diskutiert werden.

Spielvariante

Alle Eltern stehen oder sitzen im Kreis. Die Spielleiterin/der Spielleiter legt eine vorbereitete Frage (auf ein Blatt Papier geschrieben) in die Kreismitte, z. B. „Bleibt mir genügend Zeit, um meinem Kind täglich vorzulesen?". Die TeilnehmerInnen antworten, indem sie ihr Porträt umso näher zur Frage legen, je mehr sie ihr zustimmen. Es entsteht am Boden ein Diagramm, das eine interessante und informative Diskussion anregt.

Bei diesem Spiel können behutsam auch brisante und aktuelle Fragen zur Kindererziehung eingebaut werden, wodurch auch nicht diskussionsfreudige Eltern zum Mittun angeregt werden.

Dias oder Videofilm

(Präsentation)

.... Informationen über Aktivitäten in Kindergarten/Schule weitergeben

Bestimmte Zeitabschnitte oder verschiedene Aktivitäten, z. B. der Jahresbeginn, Feste, das freie Spielen/Lernen, Ausflüge oder Geburtstagsfeiern, werden mit Hilfe von Farbdias bzw. mittels Videofilmes an einem Elternabend wiedergegeben.
Anhand der Bilder kann den Eltern über den Kindergarten- bzw. Schulalltag (Tagesablauf, Konzepte, Projekte, Ziele und Inhalte der pädagogischen Arbeit) zeitgemäß und informativ berichtet werden. Erfahrungsgemäß ist es für die Eltern sehr interessant und spannend, ihre Kinder auf der Leinwand bei den unterschiedlichsten Aktivitäten zu erleben. Lustige Schnappschüsse sollten deshalb das ganze Jahr über gesammelt werden. Sie zeigen die Kinder sehr natürlich in ihrem spontanen und humorvollen Verhalten.
Leise Hintergrundmusik verleiht dem Dia- oder Filmvortrag zusätzlich einen stimmungsvollen Rahmen.

Diese Art der Präsentation eignet sich hervorragend für einen bunten und vergnüglichen Elternabend. Mit Getränken und kleinen Imbissen wird den Eltern für ihr Kommen und das entgegengebrachte Interesse gedankt.

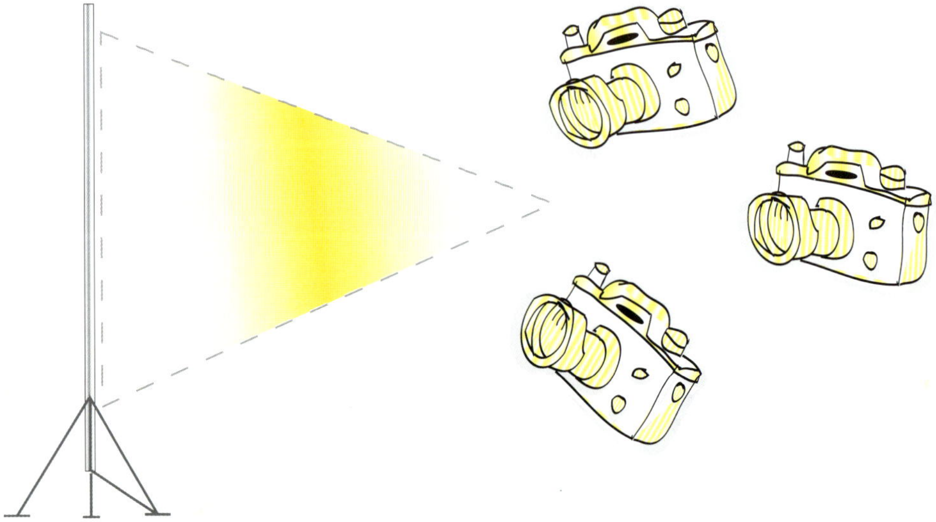

2. Kapitel

Der Herbst ist da!

Wie bunt ist diese Jahreszeit!

Ernten und Dank sagen

Rund ums Kochen

Herzlich willkommen!

Wie bunt ist diese Jahreszeit!

Feldmaus

(Bastelidee)

.... Bildnerisches Gestalten – Feinmotorik schulen

Material

Getreidehalme, Gräser, Naturpapier (Jute), Filz (Wellpappe), Klebstoff, Schere

Anleitung

Die Getreidehalme oder getrockneten Gräser auf Naturpapier oder Jute aufkleben. Sie bilden den Hintergrund des Bildes (siehe Abb.). Danach den Körper der Maus auf den Filz oder die Wellpappe aufzeichnen, ausschneiden und auf das fertige Hintergrundbild aufkleben. Die Ohren, das Gesicht, die Beine und den Schwanz ebenso gestalten, diese abschließend auf den Körper der Maus kleben.

Eine Feldmaus geht spazieren

Renate Steiner

(Gedicht/Fingerspiel)

.... Sprachförderung – Wetterbeobachtungen im Freien

Eine Feldmaus geht spazieren,
guckt aus ihrem Mäuseloch:
„Oh, wie schön ist heut das Wetter,
schaut euch nur um, dann seht ihr´s doch!“

Eine Feldmaus geht spazieren,
guckt aus ihrem Mäuseloch:
„Hui, wie kalt ist heut das Wetter,
schaut euch nur um, dann spürt ihr´s doch!“

Spielimpuls

Zum Text passend die Bewegungen darstellen und über das Wetter und seine möglichen Veränderungen sprechen.

Mit den Kindern bei jedem Wetter ins Freie gehen und das Gedicht bei einem Spaziergang verwenden! Dabei Wetter- und Tierbeobachtungen anregen.

Kastanienvogel

(Bastelspiel)

.... Spielerisches Koordinieren von Händen und Füßen – Vogeltanz

Material

1 Kastanie, 3–4 bunte Krepppapierstreifen (ca. 1m lang, 3 cm breit), Wollfaden, 1 Damenfeinstrumpfhose (alt), Filzstifte, Schere

Anleitung

Die Krepppapierstreifen über die Kastanie legen. Aus einer alten Feinstrumpfhose ein kleines Viereck ausschneiden und damit Kastanie und Krepppapierstreifen überziehen. Die Feinstrumpfhose mit einem Wollfaden zubinden und die Enden des Fadens zu einer Schlinge verknoten. Mit Filzstift noch Augen und den Schnabel aufmalen. An der Schlinge gehalten kann sich der Vogel gleich in die Lüfte erheben.

Spielimpuls

Die Kinder versuchen, mit dem Vogel zu laufen und strecken dabei ihre Arme aus. Die langen Federn (Krepppapierstreifen) flattern lustig im Wind. Dann bleiben die Kinder stehen, drehen sich im Kreis herum und lassen den Vogel über dem Kopf in der Luft schwirren. Ist der Vogel müde, setzen ihn die Kinder auf den Boden und lassen ihn ein wenig rasten, bis er von neuem zu fliegen beginnt.

Weiterführende Idee

Das Spiel kann zu einem Vogeltanz erweitert werden. Passend wäre der Titel „Weißer Vogel", Titel Nr. 10 der CD „Zauberträume-Purzelbäume" von Franz und Renate Steiner, Domino-Musikverlag, Mauerkirchen.
Das Lied dazu erschien im gleichnamigen Buch von Franz und Renate Steiner, Veritas-Verlag, Linz, Seite 58.

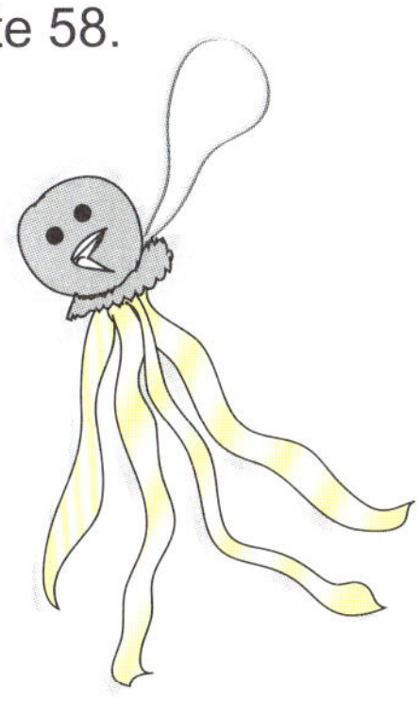

Den Vogeltanz in fröhlicher Weise den Eltern präsentieren und für Spielfeste einsetzen.

Vogelscheuche

(Blumenstockdekoration)

.... Kreatives Gestalten

Material

Jutestoff, Filz, Stroh, Holzstab (ca. 20 cm lang), Kastanie oder Nuss, Schnur, Klebstoff, Schere, Handbohrer

Anleitung

Mit einem Handbohrer vorsichtig ein Loch in die Kastanie oder Nuss bohren, danach diese auf einen Holzstab stecken. Nun ein Gesicht gestalten (Augen, Nase, Mund). Wollhaare oder ein Filzhut geben der Vogel- scheuche ein verrücktes Aussehen. Aus Jutestoff einen Umhang ausschneiden und ein längliches Strohbüschel für die Arme am Holzstab befestigen. In einen passenden Blumenstock gesteckt, wirkt die Vogelscheuche besonders dekorativ.

Die gebastelte Vogelscheuche lässt sich als nette Geschenkidee verwenden, um Freunde damit zu überraschen.

Blätterdrachen

(Raumschmuck)

.... Gestalten mit Naturmaterialien

Material

Buntes Herbstlaub, Stroh, Kastanien, Juteschnur, Karton, Klebstoff

Anleitung

Laubblätter pressen, einen Karton in Drachenform zuschneiden und die Blätter aufkleben. Für die Augen eignen sich dunkle Blätter oder Kastanien. Strohmaschen auf eine Schnur knüpfen und am Drachen befestigen.
Ein toller Raumschmuck ist fertig!

Variante

Den Karton mit Jutestoff (Kartoffelsack) überziehen und darauf mit Naturmaterialien ein lustiges Drachengesicht gestalten.

Drachensteigen

(Gedicht)

Renate Steiner

.... Sprachförderung – Gedächtnistraining

Zwei lachende Augen,
ein fröhlicher Mund,
mein Drachen ist eckig,
aber nicht rund!

Nur struppige Haare,
ein langer Schwanz,
schon steigt er höher,
hurtig im Tanz!

Grell leuchtet die Nase,
er segelt im Wind,
höher und höher,
halt ihn fest, geschwind!

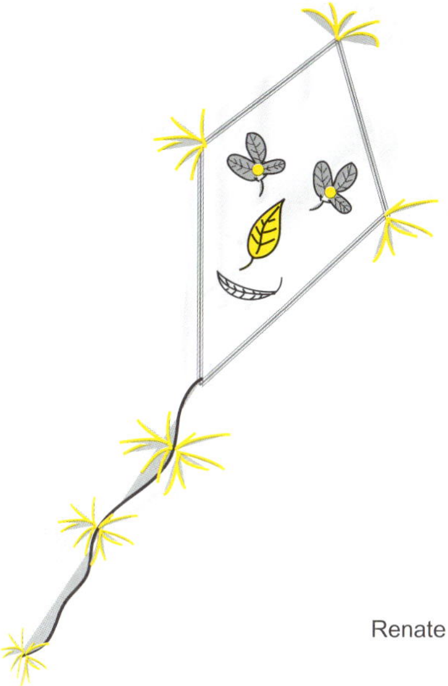

Flieg, bunter Drachen

(Lied)

Renate Steiner

.... Musikalische Förderung

C G7 C G7 C
Ref.: Flieg, bun-ter Dra-chen, flie-ge im Wind, flieg, bun-ter Dra-chen, flie-ge hoch ge-schwind.
F G7
1. Wie sieht die Welt von o-ben aus, sag, bun-ter Dra-chen, siehst du mein Haus?

Ref.:

Flieg, bunter Drachen, fliege im Wind,
flieg, bunter Drachen, fliege hoch geschwind.

2. Wie gerne würd ich bei dir sein,
sag, bunter Drachen, wär das nicht fein?

Weiterführende Idee

Nach dem Singen des Liedes ist es sehr angenehm, auf eine meditative Entspannungsreise zu gehen. Die Spielleiterin/der Spielleiter liest den Kindern bzw. den Erwachsenen folgenden Meditationstext vor:

Franz Steiner

Wenn ich die Augen schließe,
sehe ich die Welt
mit anderen Augen!
Dann fliege ich über den Wolken
und der Himmel antwortet
mit seinem schönsten
Blau!

Alle TeilnehmerInnen schließen dabei die Augen und stellen sich vor, sie wären selbst ein Drachen. Dazu sollte leise Meditationsmusik gespielt werden. Anschließend legt die Spielleiterin/der Spielleiter große Papierbögen sowie Malfarben und Pinsel (oder Filzstifte, Kohlestifte usw.) auf dem Boden auf. Nun können alle TeilnehmerInnen in Gruppen von drei bis sechs Personen ihre Gedanken zum Thema „Wie sieht ein Drachen die Welt von oben?“ künstlerisch auf Papier zum Ausdruck bringen. Es entstehen phantastische Gemeinschaftsbilder.

Die Meditationsreise eignet sich gut für die Gestaltung eines Elternabends. Nachdem alle TeilnehmerInnen ihre Gemeinschaftsbilder gemalt oder gezeichnet haben, kann die Spielleiterin/der Spielleiter den Gruppenraum oder die Klasse mit diesen besonderen Werken schmücken. Damit wird optisch eine kreative Brücke zwischen Eltern und Kindern geschaffen.

Waldfest

(Gestaltungsimpulse)

.... Feste in der freien Natur feiern

- **Einladungskarten**

Gestaltung der Einladung:

Laubblatt mit den Blattadern nach oben unter einen Bogen Zeichenpapier legen und das Papier mit Ölkreide abreiben.

- **Maskenumzug in den Wald – Waldgeistermasken**

Gemeinsam geht die Gruppe in einen nahe gelegenen Wald und führt dort einen Waldgeistertanz auf. *(Siehe Lied „Die Waldgeister sind da“, Seite 35 sowie die zugehörige Bastelidee „Waldgeistermasken“, Seite 34)*

- **Waldquiz – Suchspiel**

Die Kinder suchen einzeln oder in kleinen Gruppen verschiedene Dinge, die ihnen die Spielleiterin/der Spielleiter vorher nennt. Das könnte Folgendes sein:

> *3 Steine, 3 Zapfen, etwas Weiches (z.B. Moos), 2 gleiche kleine Dinge, etwas gut Riechendes, 5 besonders schöne Laubblätter, etwas, mit dem man Geräusche oder Klänge erzeugen kann (z.B. mit Hölzern klopfen oder Grashalmen blasen), 4 verschiedene Gräser, ein glattes Holzstück usw.*

Haben die Kinder die Sachen gefunden, bringen sie sie zum vereinbarten Treffpunkt und erhalten dafür eine kleine Anerkennung (z.B. Waldbeeren). Zum Abschluss nehmen die Kinder ihre Sachen mit in den Kindergarten oder Schule, wo in den folgenden Tagen eine interessante Ausstellung zum Thema „Wald und Natur“ stattfinden könnte.

- **Schatzsuche – Fährtenspiel**

Die Spielleiterin/der Spielleiter legt eine Schnur im Wald aus, die zu einem geheimen Versteck führt. Die Kinder nehmen die Fährte auf und versuchen entlang dieser Spur das Versteck ausfindig zu machen. Haben sie es gefunden, entdecken sie dort einen Schatz, z.B. ein Zapfenmännchen.

- **Tausendfüßlerlauf – Sinneseindrücke sammeln**

Eine Gruppe von höchstens 10 Kindern stellt sich hintereinander auf und jedes legt seine Hände auf die Schultern des vorderen Kindes. Danach schließen die Kinder ihre Augen. Nun führt die Spielleiterin/der Spielleiter mit offenen Augen die Gruppe an und geht langsam einen zuvor ausgewählten, leicht begehbaren und kurzen Rundweg durch den Wald. Der Weg sollte an markanten Punkten vorbeiführen, die sich die Kinder durch Tasten oder Hören gut einprägen können, z.B. bergauf gehen, ein Stück Schotterweg, Holzbrücke, rauschender Bach usw. Am Ausgangspunkt wieder angelangt, dürfen die Kinder ihre Augen öffnen. Sie sollen nun versuchen, die gleiche Strecke mittels ihrer vorigen Sinneswahrnehmungen nochmals zu finden und erneut zu begehen.

- **Erkennungsspiel – Natur erkunden**

Die Spielleiterin/der Spielleiter markiert mit einer Schnur auf einer geeigneten Fläche des Waldbodens ein Quadrat (ca. 3 x 3 m) und versteckt dort 5 Gegenstände, die nicht aus dem Wald stammen, z. B. leere Getränkedose, Gummiring, Schlüssel, Plastiksack, Spiegel, Orange usw.

Haben die Kinder die „naturfremden" Gegenstände entdeckt, zeichnen oder schreiben sie diese auf ein Blatt Papier.

- **Lagerfeuer –Kartoffel braten**

Einen tollen Abschluss des Waldfestes bildet ein gemeinsames Lagerfeuer. (Vorher den Waldbesitzer bzw. die Feuerwehr kontaktieren und Erlaubnis einholen!) Die gewaschenen Kartoffeln in Alufolie wickeln, in die Glut legen, mit Butter und Salz servieren und dazu kalten oder heißen Kräutertee reichen.

- **Vitamincocktail – Nachspeise**

Gesammelte Beeren (Heidelbeeren, Himbeeren, Walderdbeeren) zu einem gut schmeckenden Fruchtgetränk pressen oder die Beeren als leckere Nachspeise servieren.

Waldgeister Masken

(Bastelidee)

.... Kreatives Gestalten – Sinneseindrücke im Wald sammeln

Material

Buntes Herbstlaub, Zweige, Moos, Zapfen, Früchte, Samen, Karton oder Wellpappe, Schnur, Gummiband, Klebstoff, Schere

Abb. 2

Anleitung

Abb. 1

- **Visier**

Die Form der Augenmaske (Visier) sowie die Öffnungen für die Augen auf den Karton zeichnen und ausschneiden (Abb.1). Danach mit Naturmaterial individuell dekorieren und an beiden seitlichen Enden ein Gummiband befestigen. Die Länge des Gummibandes der Kopfgröße anpassen, die Maske soll gut halten. Schon kann sie aufgesetzt werden.

- **Kopfmaske**

Für die Kopfmaske (Abb. 2) wird Wellpappe verwendet. Je nach gewünschter Maskenhöhe und Kopfgröße diese gestalten, zuschneiden, zu einer Röhre formen und verkleben. Vorher die Öffnungen für Augen, Nase und Mund aufzeichnen und mit der Schere ausschneiden. Danach mit den Naturmaterialien fantasievoll schmücken. In den oberen Rand der Wellpappe (offene Kante) zusätzlich einige Gräser und Blätter stecken. Nun kann die Geistermaske über den Kopf gestülpt zu verschiedenen fröhlichen Anlässen auf den Schultern getragen werden.

Die Waldgeister sind da

Renate Steiner

(Lied/Maskentanz)

.... Fantasievolles Singen und Tanzen

C F
1. Hu, hu, heult der Wind, hu, hu, so ge-schwind, woll'n uns ger-ne
C F C G7 C
ne-cken, woll'n uns ger-ne schre-cken, die Wald-gei-ster sind da!

2. Hu, hu, hier ein Geist, hu, hu, da ein Geist,
   wirbeln auf und nieder, springen immer wieder
   im Kreise rundherum!

3. Hu, hu hier ein Geist, hu, hu, da ein Geist,
   hocken in den Feldern, schlafen in den Wäldern
   um Mitternacht erst ein!

Spielimpuls

Die Kinder können den Tanz mit oder ohne Maske bzw. Verkleidung ausführen. Die Waldgeister heulen gespenstisch auf, singen das Lied, huschen umher und stellen zum Text passend Bewegungen dar.

Komm mit auf die Wiese!

(Kopiervorlage)

.... Optische Differenzierung

Hallo du!
Beim rechten Bild fehlen fünf Dinge. Suche sie im linken Bild, zeichne sie dazu und male die Bilder bunt an.

Weiterführende Idee

Warst du heuer mit Freunden schon Drachen steigen? Wie sieht dein Drachen aus? Versuche einen eigenen Drachen aus dem Gedächtnis zu entwerfen und male ihn dazu! Vielleicht bastelst du einen Drachen nach diesen Vorstellungen!

Ernten und Dank sagen

Die Ernte beginnt

Renate Steiner

(Lied)

... Musikalische Förderung

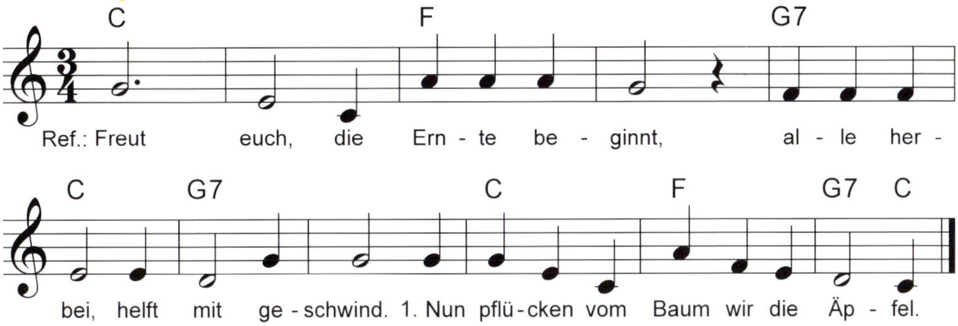
C F G7
Ref.: Freut euch, die Ern - te be - ginnt, al - le her -
C G7 C F G7 C
bei, helft mit ge - schwind. 1. Nun pflü - cken vom Baum wir die Äp - fel.

Ref.:

Freut euch, die Ernte beginnt,
alle herbei, helft mit geschwind!

2. Nun pflücken vom Baum wir die Birnen *(Zwetschken, Nüsse ...)*.
3. Nun pflücken vom Strauch wir die Beeren.
4. Nun holen vom Wald wir die Pilze *(Kräuter, Blätter ...)*.
5. Nun holen vom Feld wir die Ähren *(Gurken, Rüben, Blumen ...)*.
6. Nun bringen wir heim viele Gaben!

Erntedankkronen

(Kopfschmuck)

... Natur begegnen – Schöpferisches Gestalten – Traditionen bewahren

Material

Bunte Herbstblätter, Gräser, Getreidehalme, Zeichenkarton oder Wellpappe, Seidenpapier (Buntpapier), Bleistift, Lineal, Heftklammer, Klebstoff, Schere

Anleitung

Aus Zeichenkarton (Wellpappe) einen Streifen (ca. 6 cm breit) ausschneiden, die Länge des Streifens entspricht dem Kopfumfang. Nun den Papierstreifen individuell je nach gewünschter Krone dekorieren und zu einem Ring zusammenheften. Eine schöne Erntedankkrone entsteht und kann beim Erntedankfest getragen werden.

- **Obstkrone**

Auf Karton einen Apfel (oder Birne, Zwetschke, Trauben) zeichnen, ausschneiden und mit kleinen, zerknüllten Seidenpapierstückchen bzw. Buntpapierstücken bekleben. Anschließend den gestalteten Apfel (Birne usw.) an der Krone befestigen.

- **Blätterkrone**

Bunte Herbstblätter sammeln, pressen und auf den vorbereiteten Karton- bzw. Wellpappestreifen aufkleben.

- **Gräserkrone**

Für die Gestaltung der Gräserkrone wird ein Streifen aus Wellpappe benötigt. Getreidehalme, Gräser und kleine Zweige pflücken, die Stängel und Stiele in Klebstoff tauchen und einzeln in den oberen Rand der Krone (offene Kante der Wellpappe) stecken.

Erntedankkreuz

(Bastelidee)

.... Religiösen Symbolen begegnen – Werken mit Naturmaterialien

Material

Zwei Äste, Schnur, Schere

Anleitung

Zwei geeignete Äste suchen und diese mit einer Schnur zu einem Kreuz zusammenbinden.

Variante

Ein Kreuz aus Karton ausschneiden und dieses mit Naturmaterialien bekleben. (Apfel-, Birnenkerne, Samen, Strohblumen, Getreideähren, Gewürze usw.)

Gemeinsam mit Freunden (oder Eltern) in die Kirche gehen, um dort die von den Bäuerinnen und Bauern gestaltete große Erntedankkrone bestaunen zu können.

Äpfelpflücken

(Kopiervorlage)

.... Optische Wahrnehmung fördern – Räumliche Orientierung verbessern

Hallo du!
Rikki und Florian gehen Äpfel pflücken! Möchtest du sie begleiten?
Finde den Weg zum Apfelbaum.

Weiterführende Idee

Besuche eine Freundin/einen Freund auf einem Bauernhof mit Apfelbäumen. Was kann man aus Äpfeln alles machen? Zeichne oder schreibe es unter das Bild!

Lieber Gott, hör mir zu

Renate Steiner

(Erntedanklied)

.... Religiöse Werte vermitteln – Gott und der Natur danken

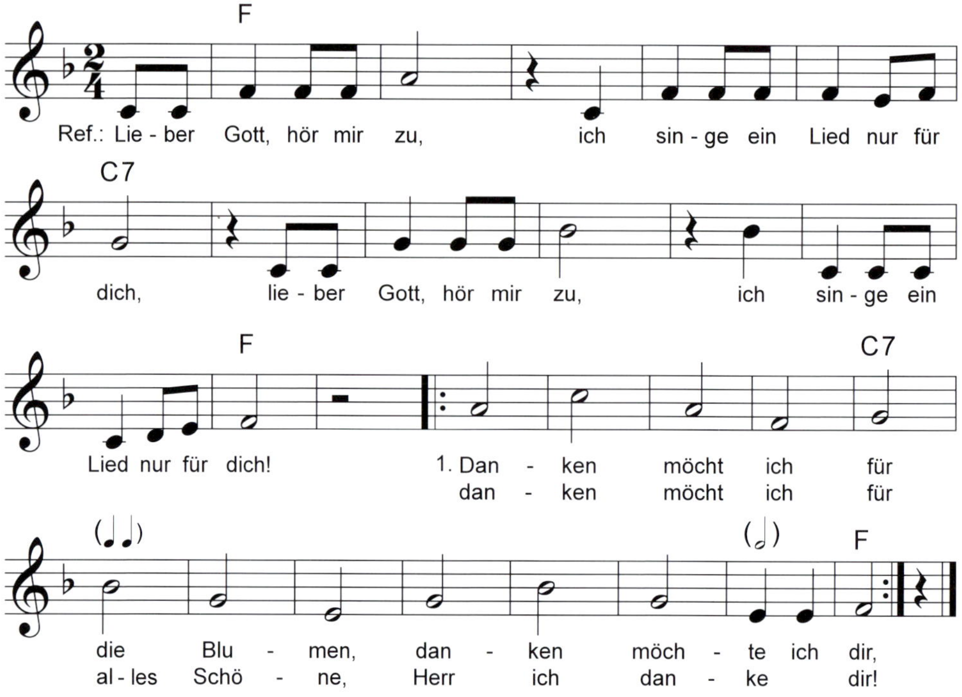
F
C7
F
C7
F
Ref.: Lie - ber Gott, hör mir zu, ich sin - ge ein Lied nur für
dich, lie - ber Gott, hör mir zu, ich sin - ge ein
Lied nur für dich!
1. Dan - ken möcht ich für
dan - ken möcht ich für
die Blu - men, dan - ken möch - te ich dir,
al - les Schö - ne, Herr ich dan - ke dir!

Ref.:

Lieber Gott, hör mir zu, ich singe ein Lied nur für dich,
lieber Gott, hör mir zu, ich singe ein Lied nur für dich!

2. Danken möcht ich für die Früchte, danken möchte ich dir,
danken möcht ich für alles Schöne, Herr ich danke dir!

3. Danken möcht ich für die Bäume, danken möchte ich dir,
danken möcht ich für alles Schöne, Herr ich danke dir!

4. Danken möcht ich für das Getreide, danken möchte ich dir,
danken möcht ich für alles Schöne, Herr ich danke dir!

Besinnlicher Gedankenaustausch

Wem oder wofür sollte einmal „Dankeschön“ gesagt werden?
(Eltern, Verwandte, Freunde... / Sonne, Regen, Wind... / Tiere, Pflanzen, Bäume...)

Tischgebete

Renate Steiner

(Gebetsrituale)

.... Religiöse Gedanken ausdrücken

Lieber Gott, segne dieses Essen
und beschütze mich, Amen.

Jesus, ich möchte dir für das gute Obst
und für das Brot danke sagen.

Herr, jeden Tag
sind Menschen um einen Tisch versammelt.
Bei einigen sind die Tische voll,
dass gar nicht alles darauf passt –
andere Tische sind fast leer.
Ich möchte lernen, mit vielen zu teilen!

Impulse für Gebetsrituale

- Vor dem Gebet gemeinsam den Tisch festlich decken (Tischtuch, Set, Serviette usw.) und mit einer Kerze und Blumen schmücken. Es kann auch eine zur Jahreszeit passende Tischdekoration (z.B. Kastanien im Herbst, Muscheln im Sommer usw.) gewählt werden, die dem Gebet einen vertiefenden äußeren Rahmen verleiht.
- Verschiedene Gebetshaltungen sind während des Gebetes möglich, z. B. Hände falten, Handflächen auf die Oberschenkel legen oder die Hände vor dem Oberkörper geöffnet halten.

Wir reichen uns die Hände

mündlich überliefert

(Essensspruch)

.... Spruch und Jausenritual – Freude an gemeinsamen Mahlzeiten

Wir reichen uns die Hände,
nach guter, alter Sitt
und wünschen uns zum Essen
recht guten Appetit!

Vor dem Essen reichen sich alle die Hände und sprechen gemeinsam den kurzen Essensspruch. Miteinander essen soll Freude bereiten und die Kommunikation fördern. In diesem kleinen Ritual drücken sich täglich Gemeinsamkeit und Esskultur aus.

Rund ums Kochen

Muntermacherfrühstück

(Frischkornbrei)

.... Rezept aus der Vollwertküche

Zutaten (1 Portion)

3 EL frisch geschrotetes Getreide, 3–4 EL kaltes Wasser, 1 TL Rosinen oder etwas Honig bzw. Trockenfrüchte, 1 EL Schlagobers, Zitronensaft, einige Nüsse, Samen oder Keime, frisches Obst (je nach Jahreszeit, z. B. geriebene Äpfel, Zwetschken, Beeren...)

Zubereitung

Getreidekörner mit Hilfe einer Mühle grob schroten, mit kaltem Wasser zu einem Brei vermengen und zugedeckt 5–12 Stunden quellen lassen. Danach die übrigen Zutaten beigeben und gut verrühren. Nach Lust und Laune variieren! Der Frischkornbrei kann auch mit Joghurt, Milch oder Sauermilch zubereitet werden. In diesem Fall das frische Obst weglassen.

Guten Morgen,
schnell herbei,
auf dem Tisch
steht schon
der Vollkornbrei!

Kräutertopfen

(Vollwert-Rezept)

.... Vollwertküche – Brotaufstrich

Zutaten

1 Packung Magertopfen, etwas Buttermilch, Salz, Kren, beliebige Kräuter (Petersilie, Schnittlauch, Basilikum, Pfefferminze, Melisse, Estragon usw.)

Zubereitung

Topfen mit Buttermilch glatt rühren, Kräuter hacken, mit dem Topfen vermischen und mit Kren und Salz abschmecken. Der Aufstrich schmeckt köstlich auf Vollkornbrot oder frischem Gebäck.

Dörrobst

(Vollwert-Rezept)

.... Vollwertküche – Gesunde Ernährung

Zutaten

Obst (Äpfel, Birnen, Zwetschken, Marillen, Bananen)

Zubereitung

Das Obst waschen, weiters die Äpfel, Birnen, Bananen schälen, etwaiges Kerngehäuse herausstechen und die so vorbereiteten Obstsorten in dünne Scheiben schneiden. Zwetschken und Marillen im Ganzen lassen!
Ein Baumwolltuch (Geschirrtuch) auf den Backrost legen, das Obst verteilen und bei ca 50° C etwa 10 Stunden lang dörren. Das Dörrobst anschließend in Dosen füllen, damit es als kleine Leckerei für „zwischendurch" Verwendung findet.

Als Zuckerersatz können getrocknete Früchte zum Naschen angeboten werden. Die Kinder erkennen sehr gut den Unterschied im Geschmack zu herkömmlichen Süßigkeiten. Mit dieser schmackhaften Variante kann das Ernährungs- und Gesundheitsbewusstsein bei Kindern gefördert werden.

Apfelschalentee

(Früchtetee)

.... Heißen oder kalten Tee als Durstlöscher zubereiten

Zutaten

Äpfel, Zitronenschalen, Zimtstange, Honig

Zubereitung

Die Äpfel waschen und schälen, die Apfelschalen klein schneiden und dörren (siehe „Dörrobst"). Für eine Tasse Tee werden 1 EL gedörrte Apfelschalen, 1 kleine Zimtstange und ein kleines Stück Zitronenschale benötigt. Das Ganze mit Wasser kurz aufkochen und 10 Minuten ziehen lassen. Abseihen und mit Honig nach Bedarf süßen. So entsteht ein köstliches Getränk, das warm oder auch kalt gerne getrunken wird.

Kochhaube und Schürze

(Bastelidee)

.... Arbeitskleidung herstellen – Nähen und Handarbeiten

Material

Weißer Kartonstreifen, Krepppapier, Geschirrtuch, Stoffband (2 m), Nadel, Faden, Klebstoff, Schere

- **Kochhaube**

Einen Kartonstreifen (ca. 15 cm breit) zuschneiden, die Länge richtet sich nach der Kopfgröße. Den Streifen zu einem Ring biegen und zusammenkleben (Abb. 1). Aus Krepppapier eine Kreisfläche (Ø ca. 30 cm) ausschneiden und am Umfang mit kleinen Heftstichen einen Faden einziehen (Abb. 2). Das Krepppapier raffen und als Haubenoberteil an der Innenseite des weißen Kartonringes festkleben (Abb. 3).

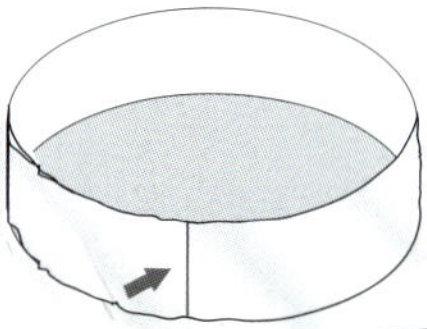

Abb. 1

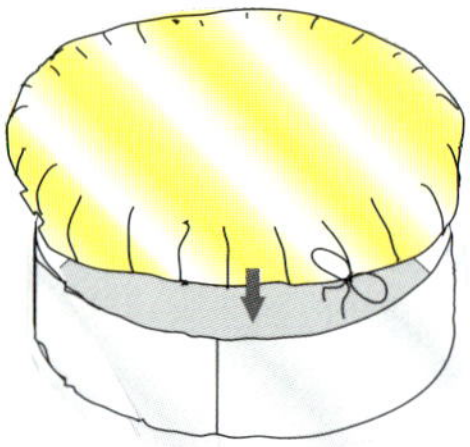

Abb. 3

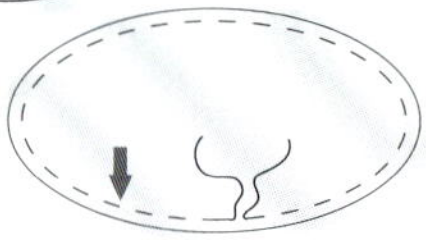

Abb. 2

- **Schürze**

Ein Geschirrtuch an zwei Ecken umschlagen und ein Stoffband lt. Abb. festnähen. In kurzer Zeit ist diese praktische Küchenschürze fertig und kann jedesmal beim Kochen getragen werden.

Die Arbeitskleidung soll den kleinen Köchinnen und Köchen im Kindergarten oder in der Schule jederzeit beim Kochen zur Verfügung stehen. Daher immer mehrere dieser praktischen Arbeitsschürzen und Hauben für die Kinder griffbereit halten. Darüber hinaus sind die Schürzen beim Malen, Werken, Gartenarbeiten usw. gut zu verwenden, da sich der Stoff (Geschirrtuch/Baumwolle) in der Waschmaschine leicht reinigen lässt!

3. Kapitel

Wenn es dunkel wird!

Vorbereitungen für das Martinsfest
Ich geh mit meiner Laterne

Herzlich willkommen!

Vorbereitungen für das Martinsfest

Leuchtende Fenstermosaike

(Fensterdekoration)

.... Kreatives Gestalten – Farbexperimente

Material

Quadratisches Faltpapier (Transparent- oder Seidenpapier, ca. 10 x 10 cm, 3–8 verschiedene Farbtöne), Klebstoff

Anleitung

Mehrere Quadrate falten und laut Abb. übereinander legen und verkleben. Durch die Überlappungen entstehen neue Farbnuancen. Die fertigen Dekorationen an einer Fensterscheibe anbringen. Der Lichteinfall bringt die Farben zum Leuchten.

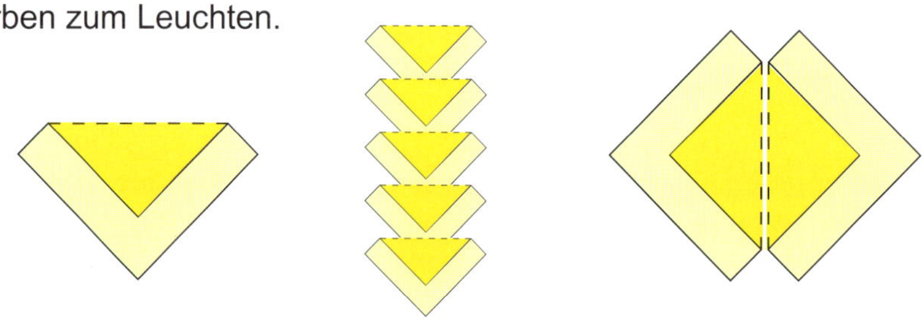

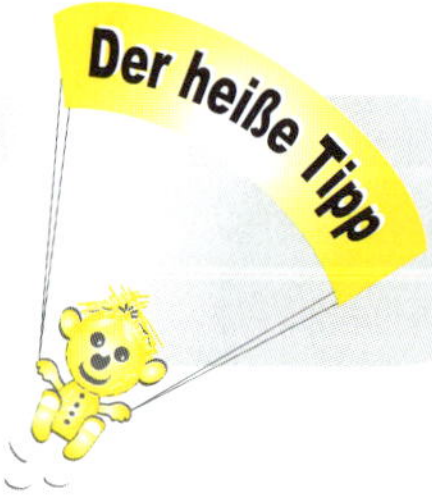

Durch die leuchtenden Fenstermosaike entsteht eine stimmungsvolle Raumatmosphäre, die zur Vorbereitung auf das nahende Martinsfest einlädt.

Gestaltungsideen für Laternen

(Bastelideen)

.... Kreativität fördern – Lichteffekte erleben – Feste und Feiern anregen

Hinweis

Grablichter eignen sich für Laternen besser als Teelichter, da sie größer sind und intensiver leuchten. Beim Anzünden der Kerzen in den Laternen (Grablichter, Teelichter usw.) vorsichtig vorgehen! Am besten zuerst eine lange dünne Kerze, die man schräg nach oben hält, anzünden. Dann die Laterne schräg nach unten halten, um den Docht der Laternenkerze ohne Gefahr zu entzünden!

Leuchtendes Kürbisgesicht

Material

Kürbis, Grablicht, Messer, Löffel

Anleitung

Den oberen Teil eines Kürbisses wegschneiden und das Fruchtfleisch mit einem Löffel herausschaben. Vorsichtig mit einem Messer kleine Stücke aus der Schale herausschneiden (Augen, Nase, Mund), sodass ein Gesicht entsteht. Danach eine brennende Kerze hineinstellen und schon leuchtet ein Kürbisgeist in die Dunkelheit.

Weiterführende Idee

Ein Stück Kürbisfleisch kosten und feststellen, wie das schmeckt. Mit dem restlichen Kürbisfleisch eine Suppe zubereiten. Zu diesem Zweck kleine Stücke schneiden und mit Lauch und einigen Karotten in Wasser kochen, bis das Gemüse weich ist. Nach Geschmack mit Salz und Pfeffer würzen.

Information zum „Halloween-Fest"

Seit einiger Zeit wird auch bei uns häufig am 31.Oktober ein „Halloween-Fest" gefeiert, wo leuchtende Kürbisgesichter (Kürbisgeister) als Dekoration aufgestellt werden. Es ist ein altes keltisches Fest. Der Name kommt von „all hallow even" (Allerheiligen-Vorabend). Die ursprüngliche Intention des Festes war, Gegensätze auszugleichen (jung und alt, laut und leise, hell und dunkel usw.).

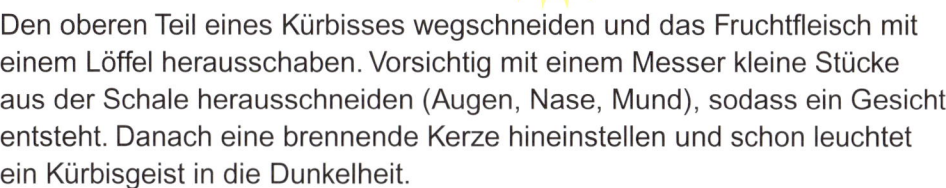

Folienlaterne

Material

Runde Käseschachtel, Metallfolie, Grablicht, Klebstoff, Blumendraht, Nagel, weiche Unterlage (Schaumgummi), Schere

Anleitung

Die Folie so zuschneiden, dass diese um den unteren Teil einer Käseschachtel (Schachtelboden) passt. Die Laternenhöhe individuell festlegen. Nun die Folie auf eine weiche Unterlage legen und mit einem Nagel Löcher hineinstechen. Durch diese Löcher dringt später das Kerzenlicht.
Beim oberen Teil der Käseschachtel die Kreisfläche ausschneiden, sodass vom Deckel nur der Außenring übrig bleibt. Weiters die Folie außen um den Schachtelboden kleben und den oberen Folienrand um den Kartonring herum anbringen. Der obere Teil der Laterne wird durch diese Verklebung verstärkt. Danach die Folie seitlich verkleben. In den oberen

Kartonrand noch zwei gegenüberliegende Löcher bohren, die beiden Enden des Blumendrahtes durchschieben und ein Stück nach oben biegen. Es entsteht der Henkel zum Tragen. Zum Schluss die Kerze hineinstellen und am Schachtelboden festkleben.

- **Papierlaterne**

Material

Runde Käseschachtel, weißes Packpapier, Seidenpapier, Malfarben, Öl, Grablicht, Blumendraht, Nagel, weiche Unterlage (Schaumgummi), Klebstoff, Schere

Anleitung

Aus Packpapier ein Schmuckpapier in beliebiger Technik herstellen, z.B.

- mit Wachskreiden bunt bemalen und heiß bügeln,
- mit Malfarben bunt bemalen, trocknen lassen und das Papier mit Öl einstreichen,
- mit gerissenen Seidenpapierstreifen bunt bekleben,
- mit Stempeln oder Blättern bedrucken,
- mit Gräsern, Blüten und bunten Laubblättern bekleben,
- mit kleinen Scherenschnitten aus Transparentpapier bekleben,

danach den Aufbau der Laterne gleich ausführen wie bei der „Folienlaterne".

Weitere Gestaltungsidee

Die Papierlaterne kann mit einem Scherenschnitt aus schwarzem Tonpapier noch zusätzlich verziert werden. Die Größe des Schmuckpapieres auf Tonpapier übertragen (Höhe plus 6 cm). Das Tonpapier zuschneiden, in der Mitte falten und mit einer Schere Streifen einschneiden (Abb. 1).
Den Scherenschnitt wieder auseinander klappen. Das Tonpapier nun am oberen und unteren Rand rund um die fertige Laterne kleben. Da das Tonpapier größer ist, drücken die Papierstreifen nach außen (Abb. 2) und die Laterne erhält eine bauchige Form. Das Schmuckpapier leuchtet zwischen den schwarzen Papierstreifen durch.

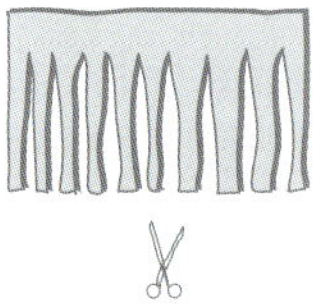

Abb. 1

Abb. 2

Buntes Laternenhaus

Material

2 Liter Getränkepackung (Saft, Eistee), Transparentpapier, Malfarben, Blumendraht, Teelicht, Klebstoff, Schere

Anleitung

Den oberen Teil der Getränkepackung abschneiden und bei den vier Seitenteilen mit der Schere die Fensteröffnungen ausschneiden (siehe Abb.). Die Außenwände mit Deckfarben bemalen. Sobald die Farbe trocken ist, die Fensteröffnungen mit buntem Transparentpapier hinterkleben. Ein Teelicht in das Laternenhaus stellen und am Boden fixieren. Zum Schluss noch einen Henkel aus Blumendraht befestigen (siehe Anleitung Folienlaterne).

Schmuckfenster-Laterne

Material

2 leere 1,5 oder 2 Liter Saftpackungen, Transparentpapier, Malfarben, Blumendraht, Grablicht, Klebstoff, Schere

Anleitung

Zuerst die oberen Teile beider Saftpackungen abschneiden. Danach die Packungen der Höhe nach (an einer Längskante) aufschneiden, die Packungen aufklappen und flach auflegen. Die silbrige Innenseite zeigt nun nach außen und wird laut Abb. 1 zugeschnitten. Danach beide Teile aneinander kleben, es entsteht eine sechsteilige Fläche. Weiters noch große Fensteröffnungen ausschneiden und mit Schmuckpapier (oder Transparentpapier) hinterkleben (Abb. 2).

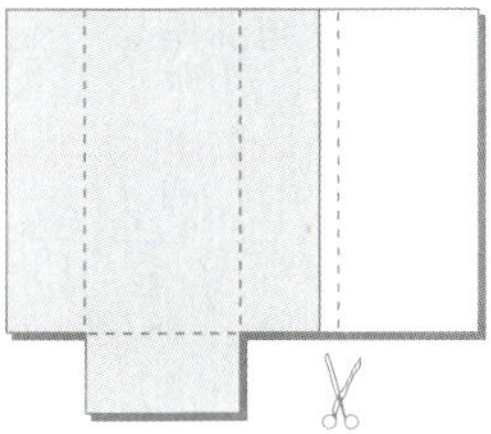

Abb. 1

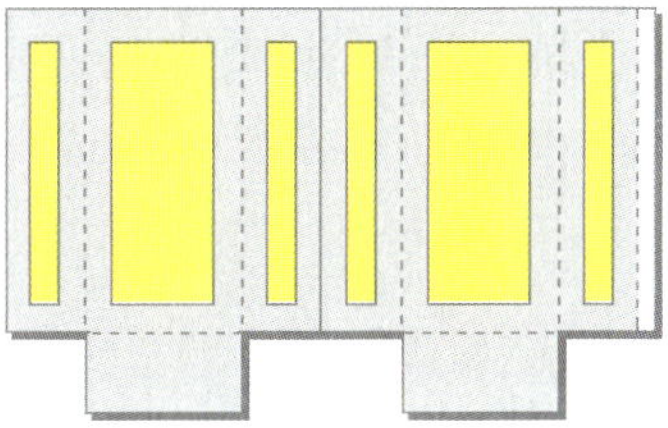

Abb. 2

Den Laternenkörper nun zu einem Sechseck schließen und an der Längsseite verkleben. Dann den Boden der Laterne (nach unten stehende Teile der Saftpackungen) waagrecht stellen und zusammenklammern.
Weiters einen Henkel aus Blumendraht am oberen Rand anbringen (siehe Anleitung Folienlaterne). Zum Schluss ein Grablicht in die Laterne stellen und am Boden befestigen.

- **Glaslaterne**

Material

Leeres Gurkenglas, transparente Glasfarben, Blumendraht, Grablicht oder Teelicht

Anleitung

Das Glas bunt bemalen und mit einem Muster verzieren. Um den Glasrand herum einen Blumendraht befestigen und damit den Henkel zum Tragen herstellen.

Vollkornbrote für das Martinsfest

(Vollkornrezepte)

.... Helfen und Teilen – Brauchtum pflegen – Vorfreude wecken

- **Buttermilchbrot**

Zutaten

1 kg Weizenvollkornmehl, 1/2 l Buttermilch, 1 EL Salz, 1 Packung Trockenhefe, 1/8 l lauwarmes Wasser, Brotgewürz, Kümmel, Mohn, etwas Margarine, 1 Ei

Zubereitung

Alle Zutaten zu einem nicht zu festen Teig verarbeiten, den Teig eine halbe Stunde gehen lassen. Gebäck formen, mit Ei bestreichen, weiters mit Kümmel, Mohn, Salz usw. bestreuen. Die fertigen Teigstücke auf ein befettetes Backblech legen, Gebäcke nochmals kurze Zeit gehen lassen und im Backrohr bei ca. 200° C etwa 25 Minuten backen.

Hinweis

Jedes Kind hilft beim gemeinsamen Brotbacken mit und formt selbst ein Gebäck (Weckerl, Laibchen, Brezerl, Brotzopf, Stangerl, Kipferl usw.). Die angegebene Masse ergibt ca. 20 Stück Kleingebäck für das Martinsfest.

Bei einer kleinen religiösen Feier kann das Gebackene auch von einem Priester geweiht werden. Danach wird das gesegnete, köstlich duftende Gebäck an die Kinder mit der Bitte verteilt, die selbstgebackenen Brote mit den Eltern oder Geschwistern zu teilen. Es entsteht ein sinnvolles Ritual zum Martinsfest.

- **Nussbrot**

Zutaten

1 kg Weizenvollkornmehl (fein gemahlen), 100 g Nüsse (grob gemahlen), 100 g Rosinen, 2 TL Salz, 2 Packungen Trockenhefe, 1/2 l lauwarmes Wasser

Zubereitung

Alle Zutaten in eine Teigschüssel geben und mit Handmixer oder Küchenmaschine so lange kneten, bis sich der Teig von der Schüssel löst. Kipferl oder kleine Brötchen formen, auf das Backblech legen und an einem warmen Ort mit einem Geschirrtuch bedeckt kurze Zeit gehen lassen. Im Backrohr auf mittlerer Schiene bei 220° C ca. 25–30 Minuten backen. Diese Masse ergibt ca. 20 Stück kleine Gebäcke.

- **Joghurtbrot**

Zutaten

3/4 kg Roggenvollkornmehl, 1/4 kg Weizenvollkornmehl, 2 Becher Joghurt, 3–4 Becher Wasser, 2 TL Salz, 1 Packung Trockenhefe, evtl. Brotgewürz

Zubereitung

Diese erfolgt gleich wie beim Nussbrot. Der Teig ergibt ebenso ca. 20 kleine Stücke.

- **Roggenbrot**

Zutaten

500 g Roggenmehl, 1 1/2 Packungen Backpulver, 2 EL Salz, 1 Flasche Weißbier, etwas gemahlener Kümmel

Zubereitung

Diese erfolgt gleich wie beim Nussbrot. Vor dem Backen das Gebäck mit Mohn, Kümmel, Salz, Sesam oder Sonnenblumenkernen beliebig bestreuen. Aus der Masse entstehen ca. 20 kleine knusprige Stücke.

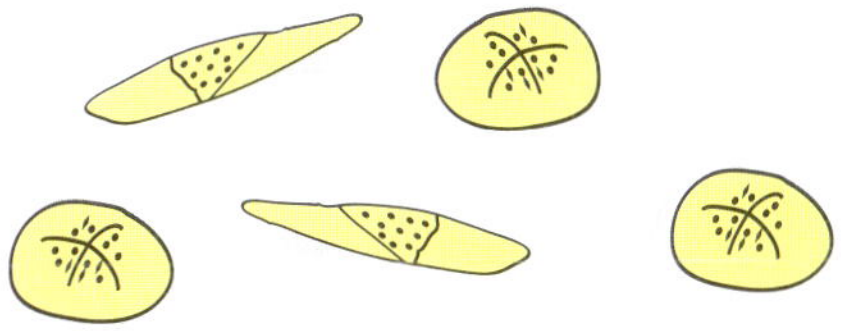

Halbierte Teile

(Kopiervorlage)

.... Optische Gliederung – Feinmotorik fördern

Hallo du!

Auf dem Bild siehst du viele halbierte Teile. Versuche zu jedem Teil jeweils die andere Hälfte nach deinen Vorstellungen zu ergänzen. Zeichne sie dazu und male die Bilder danach bunt aus!

Elternbrief zum Martinsfest

(Einladung)

... Kinder und Erwachsene in gemeinsame Festrituale einbeziehen

Liebe Eltern!

Feste bereichern unser Leben und verschönern unseren Alltag! Aus diesem Grund feiern wir auch heuer wieder unser traditionelles „Lichterfest“ (Laternenfest) zu Ehren des heiligen Martin, wozu wir Sie und die Kinder herzlich einladen!

Welche pädagogischen Impulse und religiösen Grundwerte soll das Martinsfest unseren Kindern vermitteln?

- soziale Geborgenheit durch gemeinsame Festgestaltung
- Grundwerte wie Hilfsbereitschaft, Mitgefühl, Verantwortung
- Achtung vor anderen Menschen
- gemeinsame besinnliche Stunden
- Kinder in Traditionen einbinden
- Orientierung an positiven Vorbildern
- Ritual- und Brauchtumspflege
- die Wärme des Lichtes

Wir treffen einander im Kindergarten (Schule)

am ....,
um .... Uhr.

Auf Ihr Kommen freut sich das gesamte Kindergartenteam! (LehrerInnenteam)

Mit herzlichen Grüßen

(Kindergarten-/Schulleitung)

Ich geh mit meiner Laterne

Unser Fest beginnt

Renate Steiner

(Singspiel)

.... Freude an der Gemeinschaft zeigen

F C7
1. Kommt, wir fan - gen an! Un - ser Fest be - ginnt! Wir freu - en uns, wir
F C7 F B F
freu - en uns, dass wir zu - sam - men sind. Du und ich, wir sind da - bei,
B F C7 F
groß ob klein, ganz ei - ner - lei, al - le sind da - bei!

2. Singt nun alle mit! Unser Fest beginnt!
   Wir freuen uns, wir freuen uns, dass wir zusammen sind!
   Du und ich, wir sind dabei, groß ob klein, ganz einerlei,
   alle sind dabei!
3. Klatscht nun alle mit! Unser Fest beginnt! ...
4. Dreht euch schnell im Kreis! Unser Fest beginnt! ...
5. Stampft nun alle auf! Unser Fest beginnt! ...
6. Reicht euch nun die Hand! Unser Fest beginnt! ...

Spielimpuls

Zum Text passend die Bewegungen ausführen.

Laternenspaziergang

Renate Steiner

(Gedicht)

.... Sprachförderung – Merkfähigkeit schulen

Das Martinsfest hat angefangen,
lasst uns nun spazieren geh´n
und wir tragen bunte Lichter,
könnt ihr die wohl alle seh´n!

Oh, wie schön sie alle leuchten,
rot und gelb und grün und blau
und es flackern hell die Kerzen,
nur der Himmel, der ist grau!

Heiliger Martin

Renate Steiner

(Gedicht)

.... Religiöse Werte vermitteln

Heiliger Martin, heute feiern wir dein Namensfest,
wir tragen bunte Lichter, die leuchten jetzt.

Du hast geholfen dem Bettler aus seiner Not,
auch ich möchte teilen ein kleines Stückchen Brot.

So will ich leben, Herr, nicht nur heut,
gib mir Kraft, dass es immer mich freut!

Seht mein schönes Licht

Renate Steiner

(Lied/Gedicht)

.... Freude zum Ausdruck bringen

Das Lied wird zur Melodie von „Leise rieselt der Schnee“ gesungen oder als Gedicht gesprochen.

Seht mein schönes Licht,
freut euch, fürchtet euch nicht!
Gott hat uns lieb, groß und klein,
wir wollen wie St. Martin sein!

Die Martinslegende

(Religiöse Erzählung/Klanggeschichte)

.... Vom Leben und Wirken eines Heiligen erzählen – Traditionen pflegen

Beim Martinsfest liest die Spielleiterin/der Spielleiter den Kindern und den Erwachsenen die Geschichte vom hl. Martin vor. Die Kinder untermalen die Legende während des Vorlesens mit Instrumenten und entwickeln daraus ein kleines Theaterstück. Sie benötigen dazu ihre eigenen Laternen, deren Kerzen zum Schluss entzündet werden.

Die Aufführung beginnt

- *Die Spielleiterin/der Spielleiter liest den folgenden Text in Abschnitten laut vor:*

Der heilige Martin!

Vor langer Zeit lebte in Frankreich ein junger Mann.
Er hieß Martin und war Soldat.

- *Die Kinder treten auf und untermalen den Text mit Klanghölzern.*

Martin reitet im Auftrag des Kaisers durch das Land. Er trägt einen Ritterumhang als Mantel, einen Helm und ein Schwert. Martin soll jemandem eine Botschaft im Auftrag des Kaisers überbringen.

- *mit Rasseln untermalen*

Spät an einem kalten Abend kehrt Martin müde von seinem langen Ausritt in die Stadt zurück. Als er vor das Stadttor kommt, sitzt dort auf dem kalten Boden zusammengekauert ein Mann.

- *mit Handtrommel untermalen*

Martin erschrickt, er hält sein Pferd an und steigt ab.

- *mit Rasseln untermalen*

Der Mann vor ihm zittert am ganzen Körper und wimmert leise.

- *mit Holzratsche untermalen*

Welch ein Bild des Elends! Martin sieht die Armut, er spürt die Not des Bettlers.

- *mit Zimbeln untermalen*

„Ich muss helfen!“, denkt Martin, „aber wie?“

- *mit Schellentamburin untermalen*

Da hat Martin einen guten Einfall! Er nimmt seinen warmen Umhang von den Schultern, zieht sein Schwert und teilt den Umhang damit in zwei Teile.

- *mit Xylophon untermalen*

Mit der einen Hälfte hüllt er den Bettler ein, die andere legt er sich selbst um die Schultern.

- *Überleitung zum Schlussteil*

So hatte er den Bettler vor dem Erfrieren gerettet!

- *eine Kerze entzünden*

Bis heute gilt der heilige Martin als Schutzpatron der Armen!
An seinem Namenstag, dem 11. November, feiern alljährlich viele Menschen ihm zu Ehren das Martinsfest und ziehen mit Laternen durch die dunklen Straßen.

Gestaltung des Theaterstückes

- Während die Legende vorgelesen wird, spielt ein Kind den heiligen Martin, ein anderes den Bettler.
- Eine Kindergruppe stellt die Stadtmauer dar, indem die Kinder eine Reihe bilden und sich an den Händen halten.
- Auf bunten Tüchern liegen die Instrumente bereit.
  Jedes Kind kniet vor seinem Instrument und spielt darauf, sobald es an die Reihe kommt. Jede Textpassage kann mit einzelnen Instrumenten begleitet werden. So entsteht eine Klanggeschichte!
- Damit die Mantelteilung gelingt, sollte zuvor an beiden Teilen ein Klettverschluss angebracht werden.
- Zum Schluss der Legende eine Kerze anzünden und diese in die Kreismitte stellen. Martin legt dann seinen Helm und das Schwert symbolisch daneben auf den Boden.
- Am Ende des Theaterstückes wird das Licht geteilt. Einige Erwachsene, die zuvor eine eigene Kerze erhalten haben, holen sich von der in der Mitte stehenden Kerze ein Licht und entzünden damit die Kerzen in den Laternen der Kinder. Als Untermalung dieser Szene eignet sich Meditationsmusik besonders gut!

Du unser Vorbild

Renate Steiner

(Gedicht/Rollenspiel)

.... Die Martinslegende nahe bringen

Wir erzählen es euch nun allen,
dann weiß es auch jedes Kind,
Martin war ein Reitersmann,
er ritt durch Nacht und Wind.

Er hört jemand weinen,
sein Pferd hält er an,
da sieht er einen Bettler,
einen ganz armen Mann.

„Was fehlt dir?“, fragt ihn Martin.
„Ach Herr, ich leide große Not,
ich frier am ganzen Körper,
hab weder Kleider noch ein Stückchen Brot!“

„Wie kann ich nur helfen,
geschwind, geschwind?“
Mit dem Schwert teilt er seinen Mantel,
jetzt kennt die Legende jedes Kind.

Und wir?

Wir teilen die Lichter,
wir teilen das Brot,
wir teilen auch die Liebe
und wollen helfen allen in Not!

Spielimpuls

Jedes Kind merkt sich eine Textzeile des Gedichtes.
Alle bilden einen Halbkreis und sprechen ihre jeweiligen Textpassagen der Reihe nach. Dabei versucht jedes Kind beim Sprechen den Inhalt so gut es geht auch schauspielerisch umzusetzen.

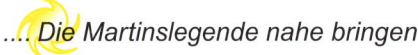

Ich trag das Licht

Renate Steiner

(Lied/Laternentanz)

.... Meditatives Erleben – Licht erfahren

Gm D Gm
1. Ich trag das Licht in mei-ner Hand, es wärmt, es macht mich froh! Das
D Gm D Gm
Licht er-hellt die Dun-kel-heit, ich seh den Weg, den ich geh. Ref.: Tra
D Gm D Gm
la - la - la, tra - la - la - la, ich seh den Weg, den ich geh.

2. Ich trag das Licht in meiner Hand, es wärmt, es macht uns froh!
   Das Licht erhellt die Dunkelheit, ich spür den Weg, den ich geh.

Ref.: Tra la-la-la, tra la-la-la, ich spür den Weg, den ich geh.

3. Ich trag das Licht in meiner Hand, es wärmt, es macht mich froh!
   Das Licht erhellt die Dunkelheit, ich glaub an den Weg, den ich geh.

Ref.: Tra la-la-la, tra la-la-la, ich glaub an den Weg, den ich geh.

Tanzanleitung

Jedes Kind trägt seine leuchtende Laterne. Zu den einzelnen Strophen werden gemeinsam verschiedene Bewegungen wie folgt ausgeführt:

- *Zu Strophe 1*

Langsames Gehen im Kreis, rechts und links herum.

- *Zu Strophe 2*

Zur Mitte gehen, Laterne in die Höhe halten und wieder zurück.

- *Zu Strophe 3*

Kreis löst sich auf, jedes Kind geht seinen eigenen Weg.

- *Zum Refrain*

Laterne auf den Boden stellen, um diese herumgehen und dazu klatschen.

Dann möchte ich wie Martin sein

Renate Steiner

(Lied)

.... Sich besinnen – Menschliche Werte erkennen

2. Wenn ein Mensch kränklich ist, hilflos allein,
   dann möchte ich wie Martin sein und ihm helfen.

3. Wenn ein Mensch hungrig ist, hilflos und allein,
   dann möchte ich wie Martin sein und mit ihm teilen.

4. Wenn ein Mensch einsam ist, hilflos und allein,
   dann möchte ich wie Martin sein und ihn lieben.

Besinnliche Gedanken

- Gespräche in der Gemeinschaft pflegen, sich Zeit nehmen, eine Kerze dabei entzünden oder eine Duftlampe aufstellen.
- Über Gefühle sprechen, Empfindungen wahrnehmen und mitteilen.
- Kindern auch zuhören können, was sie uns zu sagen haben!
- Philosophieren mit Kindern zu verschiedenen Fragen.

„Hast du schon einmal jemandem helfen können?“
„Fällt es dir schwer zu teilen?“
„Warst du selbst auch schon einmal traurig oder einsam?“
„Was fühlt man, wenn man weint?“
„Jemanden lieb haben – ist das wichtig?“

Was duftet so nach Tannen?

4. Kapitel

Endlich Advent, wie freue ich mich!
Horch, wer klopft?
Bald ist Weihnachten

Herzlich willkommen!

Endlich Advent, wie freue ich mich!

Adventkalender einmal anders!

(Bastelideen)

.... Kreatives Gestalten – Zeit erfassen – Adventbräuche pflegen

- **Adventweg**

Material

Kartonpapier, diverse Naturmaterialien, 2 Holzkegel, 1 Krippe mit Jesukind und Esel, Strohsterne, Tannenzweiglein, Malfarben, Klebstoff

Anleitung

Auf Papier einen Weg zur Weihnachtskrippe mit 24 Feldern zeichnen oder diesen mit Karton (Holz, Tüchern, Steinen, Zapfen usw.) gestalten. Die Größe des Adventweges richtet sich nach dem zur Verfügung stehenden Platz. Danach Maria und Josef aus kleinen Holzkegeln basteln. Für die vier Sonntage im Advent jeweils eine Kerze aufstellen. Die Kinder dürfen nun täglich die Figuren um ein Feld weiterrücken. Ein kleiner Esel könnte Maria und Josef auf ihrem Weg begleiten. Jeden Tag kann ein Strohstern oder Tannenzweig hinzukommen, um den Adventweg zunehmend festlicher zu schmücken. Am Ende des Weges steht die Krippe, in die das Jesukind am 24. Dezember gelegt wird.

Durch das schrittweise Weiterziehen der Figuren kann sich das Kind optisch dem Weihnachtsfest nähern und dadurch die Adventzeit besser erfassen.
Eine kleine Geschichte für jeden Tag lässt zudem ein schönes Adventritual entstehen, das religiöse Grundwerte vermittelt und die Vorfreude auf das Weihnachtsfest steigert!

- **Schnurkalender**

Material

Zierband, kleine Papierrollen, Schere

21
24
11
12
5

Anleitung

An einem Zierband 24 kleine Papierrollen befestigen, die für jeden Tag die Seitenzahl eines Buches für eine Vorlesegeschichte (Märchen, Spiel, Lied oder Gedicht usw.) enthalten. Außen werden die Adventstage angegeben.

- **Adventkalender-Puzzle**

Material

Zeichenpapier, Malstifte, Klebstoff, Schere, Kopiergerät

Anleitung

Zuerst ein Bild mit weihnachtlichem Motiv malen oder zeichnen. Von diesem dann eine schwarz-weiß Kopie anfertigen, die Kopie an der Wand befestigen und das Original in 24 Teile zerschneiden. An jedem Tag im Advent nun die Kopie mit einem farbigen Puzzleteil überkleben. Am Heiligen Abend ist das Puzzle als ganzes Bild (Weihnachtsbild) wieder vollständig.

Wir haben geflochten

Renate Steiner

(Lied)

.... *Adventsingen – Adventrituale pflegen*

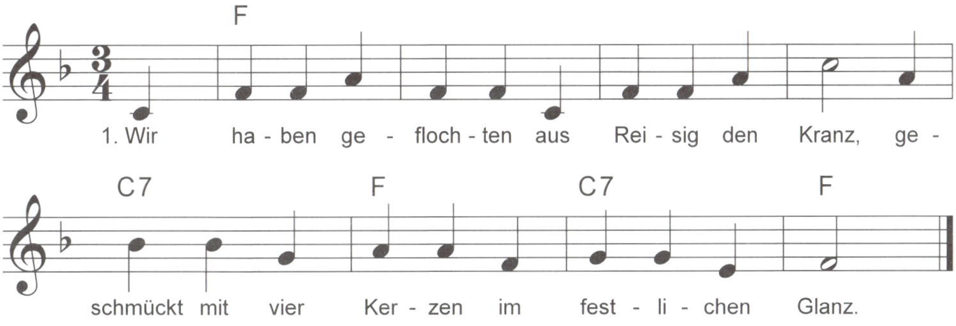
F
1. Wir ha - ben ge - floch - ten aus Rei - sig den Kranz, ge -
C7 F C7 F
schmückt mit vier Ker - zen im fest - li - chen Glanz.

2. Wir weihen nun diesen am heutigen Tag,
   das Licht soll uns leuchten, bis Weihnachten naht.

3. So zünden wir Kerze für Kerze nun an,
   wir freuen uns alle und summen sodann.

.... *Melodie leise summen.*

Ideen für Adventrituale

(Meditatives Zusammensein)

.... Werken mit Naturmaterial – Lichtmeditation

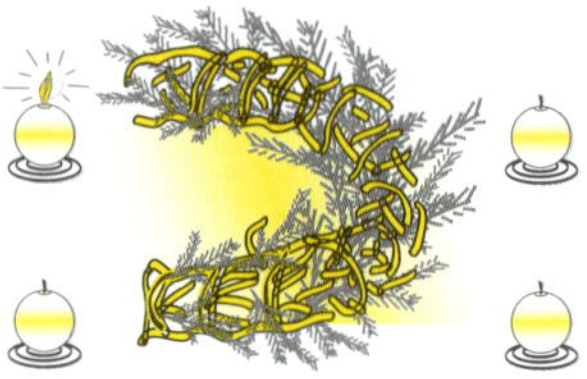

- **Gemeinsames Adventkranzbinden**

Beim gemeinsamen Adventkranzbinden können in stimmungsvoller Atmosphäre recht gut besinnliche und vorweihnachtliche Gedanken eingebracht werden, z. B. „Die Tannenzweige, aus denen der Adventkranz gebunden wird, sind grün, sind ein Symbol der Hoffnung, des Lebens usw.“.
Die Kinder bringen einzeln ihre Tannenzweiglein zu einem vorbereiteten Strohkranz und legen diese mit gleicher Nadelrichtung auf. Mit Hilfe von Zwirn oder Blumendraht nun das Reisig fest umwickeln. Als Untermalung eignet sich leise Meditationsmusik oder klassische Musik sehr gut.

- **Mandala legen**

Aus Tannenzweigen, Zapfen, Strohsternen, Eicheln, Kastanien und Teelichtern einen Kreis um eine am Boden stehende Kerze legen. So entsteht ein meditatives Bild, das den Blick zur Mitte (Mandala) lenkt und die betrachtenden Kinder zu innerer Ruhe führt.

- **Lichterkette**

An einem möglichst dunklen Ort (in der Abenddämmerung im Garten oder in einem großen abgedunkelten Raum) gestaltet die Spielleiterin/der Spielleiter am Boden mit Naturmaterialien eine begehbare Spirale oder einen Weg, der zu einer großen brennenden Kerze (Adventkranz) führt. Um die Kerze herum stehen Teelichter, die noch nicht angezündet sind.
Ein Kind schreitet nun bedächtig den Weg entlang, nimmt ein Teelicht, entzündet dieses an der großen Kerze und geht langsam den Weg zurück. Die nächsten Kinder machen sich danach ebenso auf den Weg und stellen sich mit brennender Kerze eines nach dem anderen neben dem ersten Kind auf, bis eine Lichterkette bzw. ein Lichterkreis entsteht. Ruhige leise Musik kann das Ritual begleiten, es soll dabei nicht gesprochen werden.
Den Abschluss bildet ein gemeinsam gesungenes Lied.

Was duftet so nach Tannen?

Renate Steiner

(Gedicht)

.... Besinnliche Minuten gestalten – Philosophieren mit Kindern

Was duftet so nach Tannen,
ist es der Adventkranz hier?
Darauf sind rote (lila, weiße, bunte) Kerzen,
komm, zähle sie mit mir!

Eins, zwei, drei, vier Lichter sind es,
für jeden Sonntag im Advent,
lasst uns die Hände falten,
solang die Kerze brennt.

Adventritual

Alle Kinder finden sich gemeinsam zu einer kurzen Feier um den Adventkranz ein. Die Spielleiterin/der Spielleiter trägt das Gedicht vor, währenddessen die Kinder das Kerzenlicht ansehen. Beim Betrachten der Kerzenflamme versuchen alle die ausstrahlende Wärme zu spüren.
Weihnachten erscheint als Fülle des Lichtes – Jesus, das Licht der Welt!
Mit einem philosophischen Gespräch über „symbolische Wärme“, z.B. Freundschaft, Zuneigung, Hoffnung usw., könnte das adventliche Beisammensein besinnlich ausklingen.

Advent, komm geh mit mir!

Renate Steiner

(Gedicht)

.... Das Kerzenlicht als Symbol erleben

Advent, komm geh mit mir! Wir möchten die erste Kerze entzünden und den Weg zur Krippe finden.

Advent, komm sing mit mir! Wir möchten die zweite Kerze entzünden und den Weg zur Krippe finden.

Advent, komm bete mit mir! Wir möchten die dritte Kerze entzünden und den Weg zur Krippe finden.

Advent, komm freu dich mit mir! Wir möchten die vierte Kerze entzünden und den Weg zur Krippe finden.

Komm, wir sagen es nun allen Leut´:
„Der Geburtstag vom Jesuskind ist heut!“

Der Barbaratag

(Festgestaltung)

.... Adventbrauch – Namenstag der hl. Barbara am 4. Dezember feiern

An diesem Tag werden Kirschzweige in eine mit Wasser gefüllte Blumenvase gegeben. Die Kinder beobachten nun Tag für Tag bis zum Weihnachtsfest die Zweige, deren Knospen langsam grün werden und meist bist zum Heiligen Abend aufblühen. Die Kirschzweige gelten als Zeichen neuen Lebens, das mit der Geburt des Jesukindes verkündet wird. Gerade in der kalten Jahreszeit, wo die Natur zu schlafen scheint, kommt so neues Leben zum Vorschein.

Blumenvase mit Zweigen

Ein leeres Kompottglas oder eine Flasche (Glas oder Plastik) außen mit Alufolie überziehen. Wird die Folie vorher zerknittert, entsteht eine optisch interessante Oberfläche. Jedes Kind (Familienmitglied) erhält sodann einen Kirschzweig, den es mit einem Namenskärtchen schmückt. Nun kann jedes Kind sein Zweiglein genau beobachten. Auf diesen Namenskärtchen können auch besinnliche Gedanken oder gute Vorsätze notiert werden.

Advent heißt Ankunft

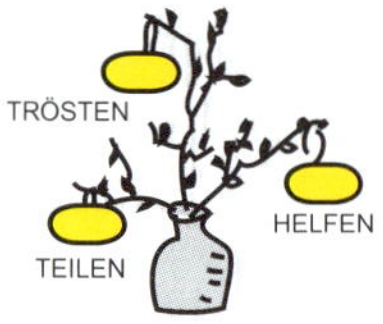

Renate Steiner

(Lied)

.... Vorfreude zeigen

F
C7
F
C7
Ad - vent heißt An - kunft, ich wart auf ihn! Auf
F
C
F
Je - sus, der Ge - burts - tag hat, Ad - vent ist schön!

2. Die kahlen Zweige vom Kirschenbaum,
   wir hoffen, dass sie blühen hier, in unsrem Raum.
3. Sie sind ein Zeichen, welch eine Pracht.
   Wie wunderbar die Blüten sind zur heilgen Nacht!

Horch, wer klopft?

Der heilige Nikolaus

Renate Steiner

(Gedicht)

.... Sich an Vorbildern orientieren

Horch, wer klopft?
Wer steht da vor der Tür?
Vielleicht der Heilige Nikolaus –
jetzt kommt er auch zu mir!

Nikolaus, ich grüße dich,
du kommst von weit, weit her.
Du hast gelebt vor langer Zeit,
warst immer gut, hört alle her!

Wir freuen uns und feiern nun,
es ist dein Ehrentag,
Nikolaus, o Nikolaus,
jedes Kind dich so gerne mag!

Winterzeit, kalte Zeit

Renate Steiner

(Lied)

.... Vorfreude auf das Nikolausfest zeigen

Das Lied wird zur Melodie des Refrains von „Jingle bells“ gesungen!

Winterzeit, kalte Zeit,
lieber Nikolaus,
komm doch schnell
zu uns herein,
rast dich bei uns aus,
Winterzeit, kalte Zeit,
lieber Nikolaus,
komm doch schnell
zu uns herein,
bleib bei uns im Haus!

Nikolaus als Stabfigur

(Bastelidee)

.... Bezug zu einer heiligen Figur herstellen

Material

Watte, Wattekugel, Kaffeefiltertüte, Buntpapier, Ölkreiden, Filzstifte, Rundholzstab (Länge ca. 30 cm, Ø ca. 3 mm), Pfeifenputzer, Klebstoff

Anleitung

Die Wattekugel auf den Rundstab stecken und festkleben. Auf dieser Kugel das Gesicht des Hl. Nikolaus gestalten. Haare und Bart aus loser Watte formen und ebenso befestigen. Die Kaffeefiltertüte dient als Kleid und wird dementsprechend verziert. Vorne und hinten mit leuchtenden Farben ein Kreuz aufmalen. Das untere Ende des Rundstabes von oben durch das fertige Papierkleid schieben und dieses am Wattekopf oben ankleben. Nun den Nikolaus mit einer Bischofsmütze (Buntpapier) schmücken und einen aus dem Pfeifenputzer geformten Bischofstab am Kleid festkleben. Jetzt kann der Nikolaus alle Kinder besuchen und natürlich auch zu ihnen sprechen!

Nikolausgeschenke zum Füllen

(Bastelideen)

.... Kreatives Gestalten – Festvorbereitung

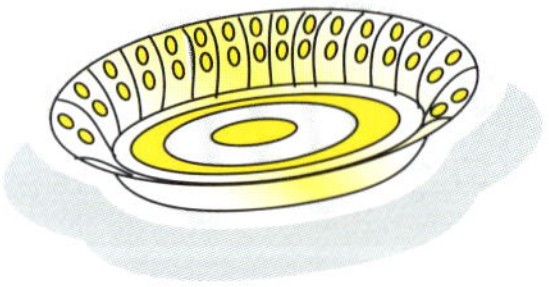

- **Nikolausteller**

Material

Suppenteller, Zeitungspapier, Tapetenkleister, Pinsel, Malfarben, Wasser in einer Schüssel, Schere

Anleitung

Den Teller verkehrt auf den Tisch legen und die gesamte Außenform mit nassem Zeitungspapier bedecken. Mit einem Pinsel eine dicke Schicht Tapetenkleister auftragen und eine weitere Zeitungsschicht aufbringen. Diesen Vorgang etwa vier- bis sechsmal wiederholen, dadurch entsteht eine Papiermaché-Form. Mit einer Schere dann das überstehende Zeitungspapier vom Tellerrand wegschneiden und ca. 2 Tage trocknen lassen. Danach die fertige Papiermaché-Form vorsichtig vom Suppenteller lösen, bemalen und den Außenrand mit einem Muster verzieren. Fertig ist der Nikolausteller. Zum Schluss noch mit kleinen Gaben füllen und als Geschenk zum Nikolausfest verwenden.

Bischofsmütze

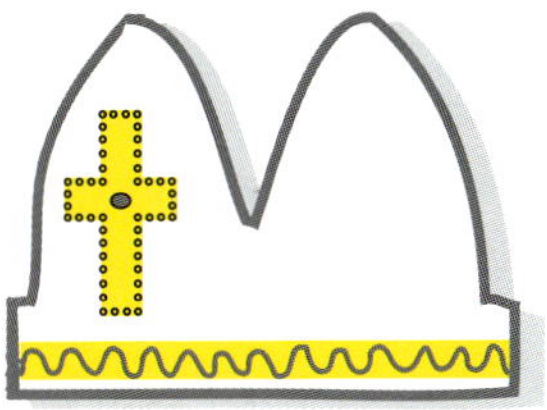

Material

Zeichenkarton, runde Käseschachtel, Vorhangstoff, Filzstifte oder Wolle, Nadel, Klebstoff, Schere

Anleitung

Die vorliegende Schablone vergrößert auf Zeichenkarton übertragen, ausschneiden und als Bischofsmütze gestalten. Dazu ein Kreuz aufmalen und die Mütze mit einem Muster verzieren. Schließlich die Mütze am Außenrand der Käseschachtel festkleben.

Weiterführende Idee

Das Kreuz der Bischofsmütze kann auch gewebt werden. Dazu in einen Streifen Vorhangstoff im offenen Vorstich (Heftstich) Wollfäden einarbeiten. Die Streifen in zwei Teile schneiden, ein Kreuz bilden und auf die Bischofsmütze kleben.

Eine gebastelte Bischofsmütze eignet sich selbstverständlich sehr gut für ein Nikolaus-Rollenspiel. Zu diesem Zweck die Schablone vergrößern (Kopfumfang), dabei den Boden weglassen, um sie als Mütze aufsetzen zu können. Was für eine Überraschung, wenn zur Freude aller ein kleiner Nikolaus dem großen Nikolaus am Festtag/Festabend begegnet!

Nikolausbecher

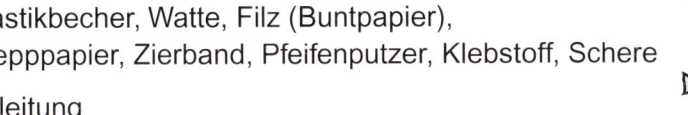

Material

Plastikbecher, Watte, Filz (Buntpapier), Krepppapier, Zierband, Pfeifenputzer, Klebstoff, Schere

Anleitung

Außen am Becher ein Nikolausgesicht gestalten und einen Wattebart aufkleben. Für die Mütze einen breiten Krepppapierstreifen um den Becherrand herum festkleben. Danach werden noch die Arme aus Filz hinzugefügt, die den Nikolausstab (aus Pfeifenputzer geformt) halten. Kurz vor dem Nikolausfest füllt die Spielleiterin/der Spielleiter den Becher mit kleinen Geschenken (Mandarine, Lebkuchen, Nüsse usw.) und verschließt das hochstehende Krepppapier mit einem Zierband. So sind die kleinen Geschenke vor den neugierigen Blicken der Kinder zu Beginn des Festes sicher verwahrt.

Nikolaus und Krampus

(Bastelidee)

.... Kleine Weltspiel-Geschenkidee

Material

2 Holzwäscheklammern, 2 kleine Holzkegel, Filz, Hanf (oder Watte), Wolle, Malfarben, Klebstoff, Schere

Anleitung

Nach eigenen Ideen kleine Holzfiguren gestalten und auf die Wäschklammern kleben. Schon ist ein kleines Handpuppenspiel fertig oder auch ein nettes Geschenk, um Nikolausgrüße zu überbringen.

Ich spiele Nikolaus

Renate Steiner

(Gedicht)

.... Körperbewegungsspiel – Traditionen vertiefen

Schau ich nicht aus wie der hl. Nikolaus?
Auf meinem Kopf trag ich eine Bischofsmütze,
in der Hand halte ich einen schönen Stab.
Nun gehe ich zu den anderen Leuten,
klopfe an ihre Türe –
ich weiß schon, was ich sag:
„Grüß Gott!
Ich bringe ein Geschenk für euch,
ich wünsche allen Gottes Segen
und noch viel Freud!"

Spielimpuls

Zum Text passend die Bewegungen darstellen.

Die Spielleiterin/der Spielleiter wählt mehrere Kinder für eine Spielgruppe aus und bereitet eine kleine Nikolausfeier für die Bewohner eines Seniorenheimes vor. Gemeinsam wird dort mit den Kindern die Nikolauslegende aufgeführt, wobei sich ein Kind der Gruppe vorher als Nikolaus verkleidet. Alle Kinder bringen kleine adventliche Geschenke (Barbarazweige, Bienenwachskerze usw.) sowie selbstgebackenen Lebkuchen mit. Sie singen, spielen und erzählen den Heimbewohnern, aus welchem Anlass dieser Besuch stattfindet.

Elternbrief zum Nikolausfest

(Einladung)

.... Kinder und Erwachsene in gemeinsame Festrituale einbeziehen

Liebe Eltern!

In Kürze feiern wir das Fest des heiligen Nikolaus. Die Tage zuvor versuchen wir die Kinder behutsam durch Geschichten, Sensibilisierungs- und Rollenspiele sowie durch unseren Besuch im Seniorenheim ..... *(Ortsnamen angeben!)* auf die eigentliche Thematik vorzubereiten.
Hilfsbereitschaft und Mitgefühl sollen spürbar werden und durch persönliche Aktivitäten der Kinder erlebbar sein.
Die Kinder besuchen alte Menschen, um das Leben und Wirken des heiligen Nikolaus als ein Beispiel für zwischenmenschliche Beziehungen darzustellen. Mit einem kleinen Nikolausspiel wollen wir den alten Menschen Frohsinn und Freude bringen.

Diese Freude möchten wir auch Ihnen gerne bei unserer gemeinsamen Nikolausfeier im Kindergarten (in der Schule) weiterreichen, indem die Kinder Ihnen von diesem Besuch erzählen. Der weitere festliche Ablauf soll für die Kinder wie auch für Sie eine stimmungsvolle Überraschung bilden!

So laden wir Sie herzlich ein, zu unserem Nikolausfest in den Kindergarten (in unsere Schule) zu kommen und zwar

am ....,
um .... Uhr.

Auf Ihr Kommen freut sich das gesamte Kindergartenteam!
(LehrerInnenteam)

Mit herzlichen Grüßen

(Kindergarten-/Schulleitung)

Die Nikolauslegende

(Religiöse Erzählung/Rollenspiel)

.... Gestaltungsideen für die Nikolausfeier – Brauchtumspflege

Die Spielleiterin/der Spielleiter liest den Kindern (bzw. auch den Eltern) die Nikolauslegende vor. Während des Vorlesens stellen die Kinder die Legende als Rollenspiel dar. Der hl. Nikolaus kann von einem Priester, einer Religionslehrerin/einem Religionslehrer, einem Vater oder auch einem Kind gespielt werden.

Spielanleitung

- *Die Kinder sitzen im Kreis (Sesselkreis), ein Sessel wird für den Nikolaus bereitgestellt. Nun betritt der Nikolaus feierlich den Raum und wird mit einem gemeinsamen Lied begrüßt. Der Nikolaus nimmt Platz.*

Die Erzählung beginnt

Der heilige Nikolaus

Ein Mann namens Nikolaus lebte einst in der Stadt Myra (in der heutigen Türkei). In dieser Stadt wohnten sehr viele reiche, aber auch arme Menschen. Es gab viele schöne Häuser und auch einfache Hütten. In dieser Stadt lebten viele arme Kinder.

- *Der Nikolaus steht auf und geht im Kreis herum.*

Der Nikolaus spaziert in dieser Stadt oft in den Gassen zwischen den Häusern umher.

- *Mehrere Kinder legen auf dem Boden zwei Seidentücher auf, um ein Haus zu gestalten (ein Tuch stellt das Mauerwerk dar, das andere das Dach). Drei Mädchen knien vor dem Haus nieder und beginnen zu schluchzen, während der Nikolaus langsam im Kreis weitergeht.*

In diesem Haus wohnt ein Vater mit seinen drei Töchtern. Sie sind arm geworden. Er hat kein Geld mehr, um sie zu ernähren. Alle leiden großen Hunger und Not. Auf seinem Spaziergang hört Nikolaus die drei Kinder weinen. Er möchte ihnen helfen, aber wie? Nachdenklich geht er nach Hause.

- *Der Nikolaus geht zu seinem Stuhl zurück, nimmt wieder Platz und holt seinen Leinensack unter dem Stuhl hervor, in dem sich drei mit Goldfolie überzogene Kugeln (Styropor- oder Wattekugeln) befinden. Die drei Mädchen vor den Tüchern auf dem Boden stellen sich schlafend.*

Zu Hause wartet Nikolaus, bis es dunkel geworden ist. Die meisten Menschen schlafen bereits.

- *Der Nikolaus steht auf, geht zu dem Haus (Tücherhaus) und holt aus seinem Leinensack die drei goldenen Kugeln, die er nun auf die Seidentücher legt.*

Nikolaus kehrt nun in der Nacht nochmals zu dem Haus zurück, in dem die drei armen Mädchen mit ihrem Vater wohnen. Dort legt er heimlich drei goldene Kugeln vor das Fenster.

- *Die drei Mädchen vor den Tüchern wachen auf und finden die drei Kugeln.*

Am nächsten Morgen finden die drei Mädchen diesen Schatz. Übergroß ist ihre Freude, denn die Not hat nun ein Ende!

- *Am Ende des Rollenspiels leitet die Spielleiterin/der Spielleiter zur Gabenverteilung über.*

Aus dieser Freude heraus feiern die Menschen jedes Jahr den Namenstag des hl. Nikolaus am 6. Dezember und schmücken ihre Häuser.

- *Alle Kinder (im Sesselkreis) stehen nun der Reihe nach auf und schmücken symbolisch das am Boden dargestellte Haus mit einem adventlichen Gegenstand (Strohstern, Tannenzweigerl, Kerze, Nuss, Apfel, Mandarine). Sie legen die Gegenstände vor den Seidentüchern auf. Danach nehmen die Kinder wieder im Sesselkreis Platz.*

So wollen auch wir dieses Fest hier feiern, und ich bitte nun den heiligen Nikolaus seine Gaben an alle Kinder zu verteilen.

- *Der Nikolaus verteilt die Geschenke an die Kinder, die sich im Anschluss daran mit einem Lied (Gedicht) bedanken.*

- *Zum Abschied stellt der hl. Nikolaus eine große Kerze neben das Haus (Seidentücher). Im Raum wird das Licht abgedunkelt, er entzündet feierlich die Kerze und verabschiedet sich mit dem folgenden Adventgruß:*

  „Wir alle machen uns auf den Weg und gehen dem Licht entgegen, der Geburt vom Jesukind, worauf wir uns alle schon sehr freuen!"

- *Gemeinsam wird noch gesungen. Eine kleine Agape (Kinderpunsch und Lebkuchen) beschließt das gemeinsame Nikolausfest.*

Nikolaus, o Nikolaus

Franz Steiner

(Lied)

.... Gefühle und Empfindungen zum Ausdruck bringen

F
C7
F
1. Ni - ko - laus, o Ni - ko - laus, siehst so groß und präch - tig aus,
C7
F
gehst du heut von Tür zu Tür, bit - te, komm doch auch zu mir!

2. Nikolaus, o Nikolaus, siehst so groß und prächtig aus,
   schenkst du mir dann deine Gaben, möchte ich dir danke sagen.
3. Nikolaus, o Nikolaus, siehst so groß und prächtig aus,
   musst du jetzt auch weiter wandern, bitte, geh auch zu den andern.
4. Nikolaus, o Nikolaus, siehst so groß und prächtig aus,
   ich werd immer an dich denken und den Armen etwas schenken.

Wir feiern deinen Namenstag

Renate Steiner

(Gedicht)

.... Heiliger Nikolaus – Schutzpatron der Kinder

Wir feiern deinen Namenstag
und denken so an dich:
Du kümmerst dich um viele Leut
und heut besuchst du mich.
Auch ich möcht helfen,
wo ich kann,
vielleicht gelingt es mir?
Du sollst mein gutes Vorbild sein,
hl. Nikolaus,
das versprech ich dir!

Geschenke für die Eltern

(Bastelideen)

.... Freude bereiten – Den Eltern gegenüber Wertschätzung ausdrücken

- **Kochbuch**

Material

Kochrezepte, Schnellheftmappe, beliebige Malfarben, Klebstoff

Anleitung

Jedes Kind bringt von daheim ein erprobtes und beliebtes Kochrezept (Kuchen bzw. kleine pikante Gerichte) auf DIN-A5 Blätter geschrieben mit. Diese Rezepte werden nun von den Kindern jeweils in der Mitte eines DIN-A4 Bogens aufgeklebt. Anschließend verziert jedes Kind den Rand dieses Blattes nach eigenen Ideen, um dem Rezept von zu Hause eine besondere Note zu verleihen. Danach kopiert die Spielleiterin/der Spielleiter alle Rezeptblätter und ordnet für jedes Kind der Gruppe eine komplette Rezeptsammlung in einen Schnellhefter ein. Jedes Kind erhält somit seine eigene Rezeptmappe. Als Nächstes schmücken alle das Deckblatt ihrer Mappe nach eigenen Ideen. Es entsteht ein Kochbuch der besonderen Art, das als schönes Weihnachtsgeschenk für die Eltern Verwendung findet.

- **Weihnachtskerze**

Material

Tonblumentopf, Kerzenwachs, Kerzendocht, Alufolie oder Malfarben

Anleitung

Den Tonblumentopf mit Alufolie überziehen oder bunt bemalen. Kerzenwachsreste vorsichtig schmelzen und langsam in den Tontopf gießen. Besonders gut eignen sich Tontöpfe ohne Loch im Boden. Kurz bevor das Wachs fest wird, einen Docht (oder eine Christbaumkerze) hineinstecken.

- **Blühende Hyazinthe**

Material

Blumenzwiebel einer Hyazinthe, Blumentopf, Erde, Juteschnur (dicke Wolle), Klebstoff

Anleitung

Zuerst den Anfang der Juteschnur am unteren Rand des Blumentopfes festkleben. Danach das Gefäß nach oben hin zur Gänze mit der Jute umwickeln und das Schnurende festkleben. Nun etwas Blumenerde einfüllen, die Blumenzwiebel darauf legen und mit Erde bedecken. Die Triebspitze der Hyazinthe sollte dabei noch sichtbar sein. Ausreichend mit Wasser gießen. Nach etwa vier bis fünf Wochen beginnt die Hyazinthe zu blühen. Der wunderbare Duft der Blüte erfreut sicherlich die Eltern am Weihnachtsabend ganz besonders.

- **Duftpüppchen**

Material

Holzperle, Zahnstocher, Stoffrest, Malfarben, Lavendel oder Gewürznelken, Nadel, Faden, Schere

Anleitung

Aus dem Stoff eine Kreisfläche (Ø 20 cm) ausschneiden und entlang des Umfanges mit kleinen Heftstichen einen Faden einziehen. Die beiden Enden des Fadens ca. 15 cm lose heraushängen lassen. Den Lavendel oder die Gewürznelken in die Mitte des Stoffes legen und anschließend diesen mit den beiden Fadenenden zu einem Beutel zusammenziehen und die Fäden verknoten. Auf die Holzperle nun ein Gesicht malen, Wollhaare aufkleben. Den kleinen Kopf auf einen Zahnstocher stecken und diesen durch die obere schmale Öffnung des Stoffbeutels schieben. Das gebastelte Duftpüppchen kann noch mit Bändern und Spitzen geschmückt werden. Anschließend als Weihnachtsgeschenk festlich verpacken. Die Kinder dürfen ihr selbst gebasteltes Geschenk vor den Feiertagen mit nach Hause nehmen. Nach Weihnachten verbreitet es im Bad, WC oder Wäschekasten über einen längeren Zeitraum hinweg einen wohlriechenden Duft!

Die Kinder gestalten zum Geschenk passend kleine Weihnachtskarten. Von der Spielleiterin/dem Spielleiter können zusätzlich die Namen der Personen, für die das Geschenk gedacht ist (Mama, Papa usw.), dazugeschrieben werden. Weiters kann auch ein Weihnachtsgedicht oder ein Lied darauf Platz finden.

Weihnachtsstern
(Bastelidee)

... Festlicher Tischschmuck

Material

Filz (rot und grün), Teelicht, Klebstoff, Zeichenkarton, Bleistift, Schere

Anleitung

Vier grüne und vier rote Blätter aus dem Filz ausschneiden. Danach die grünen Blätter kreuzweise auf Karton aufkleben, anschließend die roten Blätter ebenso in die Zwischenräume. In der Mitte zum Schluss das Teelicht festkleben.

Der Stern
Renate Steiner

(Weihnachtsgedicht)

... Religiöse Werte vermitteln

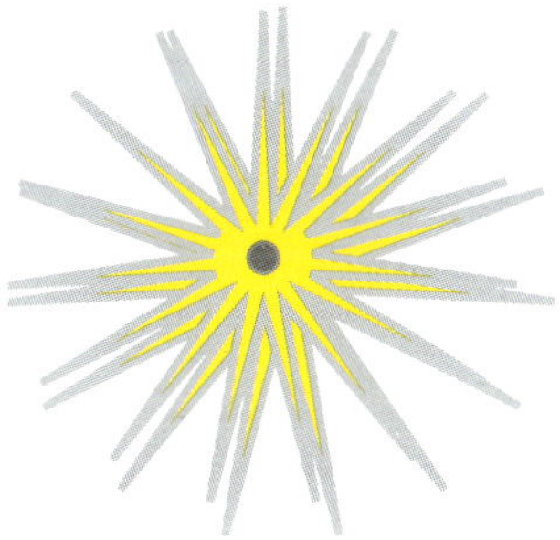

Öffne deine Augen,
sieh doch das Licht,
ein Stern erhellt die Dunkelheit,
fürchte dich nicht!

Reich mir die Hand,
komm mit mir zum Stall,
ein Kind ist geboren,
freuet euch all!

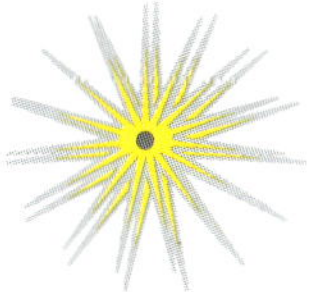

Hirten
Renate Steiner

(Weihnachtsgedicht)

... Religiöse Werte vermitteln

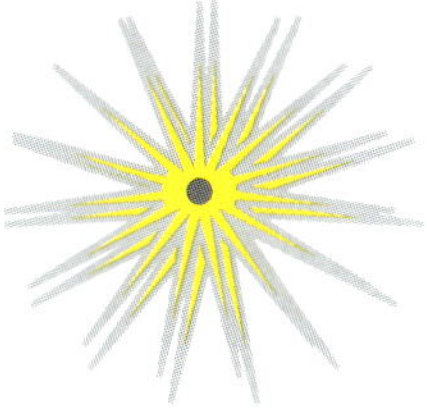

Auf dem Feld waren Hirten,
sie haben den Stern geseh´n,
der führte sie zur Krippe,
zum Stall nach Bethlehem.

Sie haben das Kind gefunden,
es schlief bei Maria ganz sacht,
mit Andacht haben die Hirten gesungen
ein Lied zur Heiligen Nacht!

Vor der Krippe

Renate Steiner

(Weihnachtslied)

... Besinnlichkeit und Freude zum Ausdruck bringen

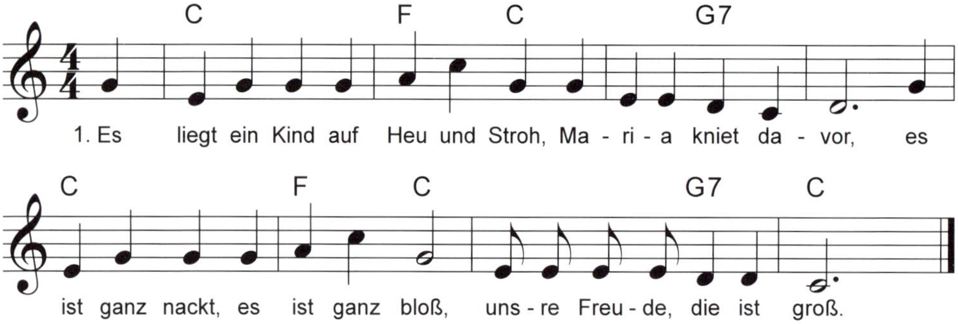
C F C G7
1. Es liegt ein Kind auf Heu und Stroh, Ma - ri - a kniet da - vor, es
C F C G7 C
ist ganz nackt, es ist ganz bloß, uns - re Freu - de, die ist groß.

2. Es liegt ein Kind auf Heu und Stroh, Josef kniet davor,
   es ist ganz nackt, es ist ganz bloß, unsere Freude, die ist groß.

3. Es liegt ein Kind auf Heu und Stroh, wir alle knien davor,
   das Kind, es ist Gottes Sohn, der Heiland Jesu Christ!

Weihnachtsengel

(Bastelidee)

... Christbaumschmuck herstellen

Material

Wattekugel, Engelshaar, Tortenpapier (Blumenmanschette), Folienstern, Faden, Filzstifte, Klebstoff, Schere

Anleitung

Aus einem Tortenpapier eine kleine Tüte drehen, um das Engelskleid darzustellen. Hiefür kann auch eine kleine Blumenmanschette verwendet werden. Darauf die Wattekugel festkleben und das Engelsgesicht gestalten. Anschließend die Engelshaare aufkleben und darauf einen kleinen Folienstern anbringen. Aus Tortenpapier noch die Engelsflügel zuschneiden und am Rücken befestigen. Zum Aufhängen dient ein Faden, so kann der Engel fliegen und sich bedächtig im Kreis drehen.

5. Kapitel

Hurra, es schneit!

Kalt ist es draußen!
Wie bleibe ich gesund?

Herzlich willkommen!

Kalt ist es draußen!

Schnell in den Garten

Renate Steiner

(Gedicht)

.... Sich spielerisch bewegen – Sprachförderung

Kommt schnell	
in den Garten,	*(laufen)*
hurra, so viel Schnee!	*(klatschen)*
Alles ist weiß,	
wohin ich nur seh!	*(eine Hand über die Augen halten)*
Doch halt!	
Zieht euch alle warm an:	*(auf alle Kinder zeigen)*
Schianzug, Haube,	
Stiefel und Schal	*(mit den Fingern zählen)*
und auch die Fäustlinge,	
sonst friert ihr schnell einmal!	*(Hände am Oberkörper überkreuzen und reiben)*

Spielimpuls

Zum Text passend die Bewegungen darstellen! Die Kinder dürfen anschließend hinaus in den Garten, um im Schnee zu spielen.

Wir zeichnen

Renate Steiner

(Rätsel/Malspiel)

.... Sprechen und Malen – Feinmotorik ausbilden

Wir zeichnen eine Kugel
und setzen darauf den Kopf,
jetzt fehlen noch die Augen,
die Nase und der Topf.

Er lacht jetzt noch ganz fröhlich
und Arme hat er auch.
Rate nur, wer ist das wohl,
mit Knöpfen auf dem Bauch?

Anleitung

Die Kinder zeichnen die Körperteile zum Text des Gedichtes passend auf ein Blatt Papier. Zum Schluss vergleichen sie, welche Zeichnung der Lösung des Malspiels am nächsten kommt. (Das Gedicht beschreibt einen Schneemann!)

Weiterführende Idee

Im Freien können die Kinder den Schneemann auch mit einem Stock in den Schnee zeichnen oder ihn mit Wasserfarben aufspritzen. Dazu in mehrere kleine Plastikfläschchen verschiedene Wasserfarben einfüllen und sogleich kann´s losgehen. Auch andere Motive sind neben dem Schneemann möglich. So entstehen bunte Bilder auf der weißen Schneedecke.

Im Winter

Renate Steiner

(Lied)

.... Freude an gemeinsamen Winteraktivitäten

C
G7
C
1.
G7
2.
G7
C
1. Weißt du was? Im Win - ter geh'n wir Bob fahr'n, ja das macht Spaß! das macht Spaß!

2. Weißt du was?
   Im Winter gehn wir Schi fahrn, ja, das macht Spaß!

3. Weißt du was?
   Im Winter gehn wir Eis laufn, ja, das macht Spaß!

4. Weißt du was?
   Im Winter gehn wir rodeln, ja, das macht Spaß!

5. Weißt du was?
   Im Winter gehn wir Schneemann baun, ja, das macht Spaß!

6. Weißt du was?
   Im Winter gehn wir Schneeburg baun, ja, das macht Spaß!

7. Weißt du was?
   Im Winter gehn wir Schnee stapfn, ja, das macht Spaß!

8. Weißt du was?
   Im Winter gibt´s ´ne Schneeballschlacht, ja, das macht Spaß!

Spielimpuls

Vorerst zum Text passend die Bewegungen ausführen. Als weiterführende Idee darf ein Kind eine Bewegung pantomimisch vorzeigen (z. B. Schi fahren). Alle anderen versuchen zu erkennen, was für eine Bewegung hier dargestellt wird, führen diese durch und singen dazu die passende Liedstrophe.

Winterspiele im Freien

(Spielideen für eine Winterolympiade)

.... Bewegungserfahrungen im Schnee

Sobald der erste Schnee gefallen ist, bieten sich viele fröhliche Spiele im Freien an. Die Kinder können sich austoben, herumtollen und spielerisch die freie Natur erfahren. Mit allen Sinnen kann so bei jedem Wetter dem Bewegungsdrang der Kinder entsprochen werden. Als Höhepunkt dieser Spiele im Freien wird ein Spielefest in Form einer „Winterolympiade" veranstaltet. Dabei soll der Spaß natürlich im Vordergrund stehen. Aus den folgenden Spielanregungen kann die Spielleiterin/der Spielleiter ein individuelles Programm zusammenstellen, das den Anforderungen (körperliche Kondition, Gelenkigkeit usw.) der jeweiligen Kindergruppe entspricht. Mit einem Plakat bzw. einem Elternbrief soll rechtzeitig das Interesse geweckt und auf die Olympiade aufmerksam gemacht werden!

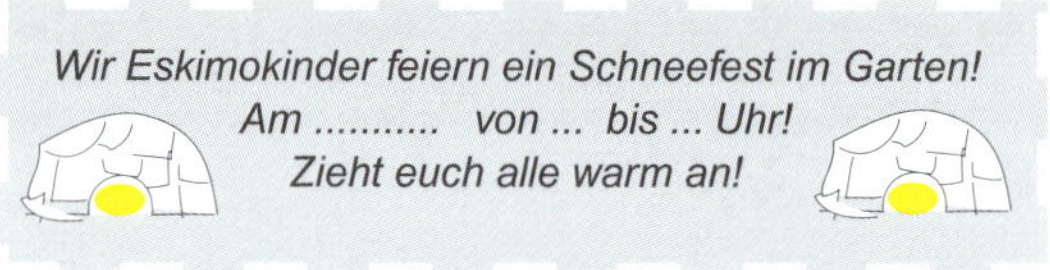

Wir Eskimokinder feiern ein Schneefest im Garten!
Am .... von ... bis ... Uhr!
Zieht euch alle warm an!

- **Iglu/Schneeburg**

Gemeinsam einen Iglu oder ein anderes tolles Bauwerk aus Schnee (mit Schneeziegeln) errichten.

- **Sackerlrutschen**

Die Kinder ziehen einen etwas größeren aufgeschnittenen Plastiksack über dem Schianzug an. Schon kann die Rutschpartie von einem Schneehügel aus losgehen!

- **„Engel im Schnee"**

Sich auf dem Rücken in den Schnee legen und die ausgestreckten Arme seitwärts in den Schnee fallen lassen. Nun die Unterarme anwinkeln und die Arme im Schnee auf und ab bewegen. Dadurch entsteht der Abdruck für die Engelsflügel. Jetzt die Beine mehrmals grätschen und wieder schließen. Diese Bewegung hinterlässt im Schnee das Abbild für ein Engelskleid. Danach vorsichtig aufstehen und schon können alle das Werk begutachten. Scheint die Sonne, glitzert der „Engel im Schnee" besonders schön!

Spuren im Schnee

- *Eigene Fußspuren im Schnee hinterlassen,*
  z. B. im Kreis gehen, rückwärts laufen, hüpfen usw., danach die Unterschiede der Abdrücke feststellen!

- *Die Fußspuren eines anderen Kindes verfolgen.*
  Wohin führen diese?

- *Erforschen von Tierspuren*
  (Vogel, Katze, Hase, Reh usw.) im Wald.

- *Mit unterschiedl. Gegenständen Spuren im Schnee herstellen.*
  Die Kinder erkunden, welche Spur von einem Schlitten, Roller, Autoreifen, Stiefel, Rechen usw. stammt.

Schlauch rutschen

Mit einem aufgepumpten Reifenschlauch einen Schneehügel hinunterzurutschen, macht den Kindern riesigen Spaß. Auf dem Schlauch eines LKW-Reifens haben auch mehrere Kinder Platz, was den gemeinsamen Spaß beträchtlich erhöht.
Gebrauchte, intakte Reifenschläuche erhält man meist gratis in PKW- und LKW-Werkstätten.

Schneebälle werfen

- *Ein bestimmtes Ziel treffen,* z.B. Baumstamm, Holzwand, Kübel usw.

- *Über ein Hindernis schießen, z. B.*
  den Schneeball über einen Holzstapel, einen Gartenzaun oder Busch werfen. Je höher, desto schwieriger!

- *Weitschießen, z.B.* mit kleinen und größeren Schneebällen an unterschiedlich weit entfernt liegende Ziele so nah wie möglich herankommen oder sogar treffen!

- *Einem Schneemann den Hut vom Kopf schießen.*

- *Auf einen Luftballon zielen, der aufgeblasen im Schnee liegt.*
  Wird er getroffen, hüpft oder fliegt er lustig weiter.

- *Mit dem Schneeball in ein mit Wasser gefülltes Plastikschaff/Gefäß treffen.* Es ist sehr interessant zu beobachten, wie der Schneeball schmilzt!

- **Staffelspiele (Wettspiele)**

> *Schlitten um die Wette ziehen.*

> *Möglichst schnell eine leere Kiste mit Schnee füllen (mit Schaufel).*
> Eventuell die Zeit stoppen, bis diese voll ist!

> *Mit einem Schneeball auf der Schaufel um die Wette laufen.*

> *Zwei Spielgruppen bauen in vorgegebener Zeit einen Schneeturm.*
> Wer den höheren Turm errichtet, gewinnt!

> *Eisschollen springen.*

Anleitung

Jede Gruppe benötigt zwei Teppichmatten. Das erste Kind der Staffel legt eine Matte vor sich auf den Boden und behält die zweite noch in der Hand. Jetzt beginnt der Wettlauf: Das Kind steigt auf den ersten Teppich, wirft die zweite Matte vor sich auf den Boden und springt darauf. Nun hebt es die freie Matte hoch, wirft sie erneut vor sich hin, springt wieder und macht so lange weiter, bis es das markierte Ziel erreicht. Dann läuft es mit den Matten zur Gruppe zurück und übergibt sie an das nächste Kind. (Die Entfernung zum Zielpunkt kann individuell festgelegt werden und bestimmt somit den Schwierigkeitsgrad!)

- **Eisbärenjagd (Fangenspiel)**

Ein Kind läuft mit einem Stoffbären davon, die übrigen „Eskimokinder" versuchen den Bären zu fangen. Gelingt dies, erfolgt ein Rollentausch.

- **Schneelichter (Dekoration für das Schneefest)**

Schneebälle rollen, eine kleine Mulde hineindrücken, Teelichter in die Mulde stellen und anzünden. In der Dämmerung wirken diese sehr stimmungsvoll.

- **Schneebar (geselliges Beisammensein)**

Über Obstkisten Bretter legen, um die Bar zu bauen. Hier können sich während des Festes alle TeilnehmerInnen mit warmen Getränken (Kinderpunsch, siehe Seite 90) und Ofenkartoffeln stärken.

- **Ofenkartoffel (gemeinsames Abschlussessen)**

Kartoffeln waschen, ungeschält in 1 cm dicke Scheiben schneiden, auf ein Backblech legen und im Backrohr braten, bis die Kartoffelscheiben goldbraune Blasen bilden. Leicht salzen und warm servieren.

Aus Wasser wird Eis

(Eisexperimente)

.... Physikalisches Grundverständnis aufbauen

- *Eine mit Wasser gefüllte Glasflasche über Nacht gefrieren lassen.*

Da sich das Wasser beim Gefrieren ausdehnt, zerspringt die Glasflasche. Vorsicht vor den Glassplittern! Zum Schutz deshalb die Flasche vorher in einen Karton legen. Um im Vergleich die Dehnungsfähigkeit einer Kunststoffflasche bzw. eines Luftballons zu zeigen, beide ebenso mit Wasser füllen und über Nacht gefrieren lassen.

- *Verschiedene Sandformen mit Wasser füllen und gefrieren lassen.*

Dabei werden die physikalischen Vorgänge anschaulich gemacht.

Vögel im Winter

Renate Steiner

(Gedicht)

.... Natur begreifen – Verhaltensweise von Tieren beobachten

Die Vögel haben Hunger,
am Boden liegt viel Schnee,
sie finden fast kein Futter,
Hunger, der tut weh!

Gesprächsimpuls

Auf das Leben der Tiere im Winter eingehen, darüber diskutieren und das nötige Wissen vermitteln. Verschiedene Fragen wecken die Neugier an dem Thema, z. B. „Wie leben die Tiere im Winter? Welche Tiere des Waldes (Rehe, Hasen, Hirsche...) werden im Winter von Menschen gefüttert, um nicht zu großen Hunger zu leiden?“.

Weiterführende Idee

Die Kinder variieren das Gedicht, setzen andere Tiernamen ein oder erfinden neue Strophen.

Die Spielleiterin/der Spielleiter lädt einen Jäger (oder Förster) zu einem gemeinsamen Waldspaziergang mit den Kindern ein. Dabei kann eine Futterstelle für Vögel errichtet werden und der Jäger (oder Förster) erzählt den Kindern von den Tieren im Wald, erklärt Tierspuren und beschreibt, wie die Tiere den Winter überdauern, z.B. vom Winterschlaf der Igel.

Futterglocke

(Bastelidee)

.... Im Winter Vögel füttern

Material

Tonblumentopf (Ø ca. 11 cm), Zierband, Bindfaden, Meisenkugel, Schere

Anleitung

Das Zierband, ca. 30 cm lang, zu einer Schlaufe verknoten (siehe Abb.). Die Meisenkugel mit einem Bindfaden am Zierband befestigen. Nun das Zierband von unten durch die kleine Öffnung im Boden des verkehrt gehaltenen Tontopfes ziehen, bis die Meisenkugel zur Hälfte aus dem Inneren des Topfes baumelt. Der Blumentopf sitzt auf dem innenliegenden Knoten des Zierbandes fest und kann mit der Schlaufe im Freien aufgehängt werden. Die Vögel suchen gerne diese Futterglocke auf und kehren immer wieder dorthin zurück.

Hinweis

Der Tontopf schützt die Meisenkugel wirksam vor Nässe. Ist die Meisenkugel leer gepickt, kann sie sehr einfach, wie oben beschrieben, erneuert werden.

Die Futterglocke ist ein sehr schönes und sinnvolles Weihnachtsgeschenk für alle Tierfreunde in der Familie.

Bunt bemalter Schneemann

(Bildnerisches Gestalten im Garten)

.... Farbexperimente im Freien – Grobmotorik fördern

Material

Giftfreie, stark verdünnte flüssige Malfarben, dicke Pinsel, kleine Spritzflaschen

Anleitung

Die Kinder bauen einen lustigen Schneemann und bemalen ihn nach Herzenslust mit den flüssigen Malfarben. Mit Spritzflaschen bunte Farben aufzutragen ist für Kinder ein ganz besonders kreatives Erlebnis!
So ein farbenprächtiger Schneemann im Freien ist für Erwachsene und für Kinder immer wieder ein toller Anblick!

Wie bleibe ich gesund?

Baden, das ist lustig

Renate Steiner

(Lied)

... Körperpflege – Körperwahrnehmung sensibilisieren

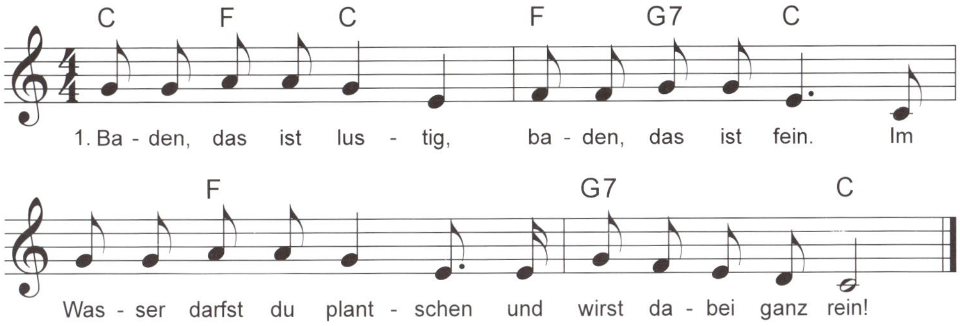

C F C F G7 C
1. Ba - den, das ist lus - tig, ba - den, das ist fein. Im
F G7 C
Was - ser darfst du plant - schen und wirst da - bei ganz rein!

2. Zähne muss man putzen, hört nur alle her,
   du brauchst dazu die Bürste, das ist ja gar nicht schwer!
3. Haare soll man kämmen, das weiß jedes Kind,
   nun schau dich in den Spiegel und mach dich hübsch geschwind!
4. Nägel kann man schneiden, sind sie schon zu lang,
   probier sie schön zu feilen, in einem Arbeitsgang!

Weiterführende Idee

Die Kinder betrachten sich sehr genau in einem Spiegel und malen dann aus der Erinnerung ein kleines Selbstbildnis oder Porträt.
Die Spielleiterin/der Spielleiter gibt dazu einige passende Anweisungen und stellt auch wichtige Fragen: „Betrachte dich im Spiegel, lass dir Zeit, schau deine Zähne und die Frisur genau an. Möchtest du an dir etwas verändern? Betrachte deine Hände, wie viele Finger kannst du zählen? Welche Augenfarbe hast du?...."

Der heiße Tipp

Die Spielleiterin/der Spielleiter lädt eine Mutter mit ihrem Baby in den Kindergarten/die Schule ein. Die Kinder dürfen beim Stillen und bei der Babypflege zuschauen und Fragen stellen. Dabei können die Kinder das harmonische und liebevolle Verhältnis von Mutter und Baby auf ganz natürliche Art erleben. Diese Erfahrung können die Kinder anschließend mit einer Babypuppe spielerisch vertiefen.

Zahnpflege ist nicht schwer

Renate Steiner

(Gedicht)

.... Kariesvorsorge – Zahnpflege

Wisst ihr alle, hört nur her:
Zähne pflegen lohnt sich sehr!
Abends, morgens, nach dem Essen
Zähne putzen nicht vergessen.
Auch zum Zahnarzt soll man gehn,
er möchte deine Zähne sehn,
sodass auch wirklich alles passt,
damit auch du kein Zahnweh hast!
Eines wissen wir genau,
viel Süßes essen ist nicht schlau!

Ich hab Kopfweh

Renate Steiner

(Fingerspiel)

.... Gesundheitserziehung – Körperbewusstsein entwickeln

Der Daumen sagt:	„Ich hab Kopfweh, auah-auah!“
Der Zeigefinger sagt:	„Ich hab Zahnweh, auah-auah!“
Der Mittelfinger sagt:	„Ich hab Halsweh, auah-auah!“
Der Ringfinger sagt:	„Ich hab Bauchweh, auah-auah!“
Und der kleine Finger sagt:	„Ich hab Schnupfen, hatschie-hatschie!“

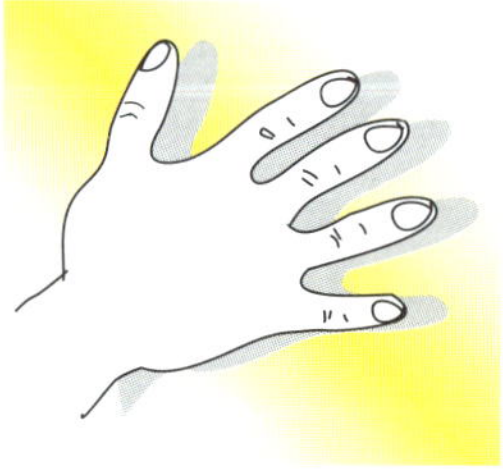

Die Kinder malen kleine fröhliche, aber auch traurigeGesichter auf bunte, runde Klebeetiketten. Die Gesichter sollen ausdrücken, wie sich die Kinder bei Gesundheit oder Krankheit fühlen. Dann kleben die Kinder diese kleinen Stimmungsbilder auf ihre Fingernägel und zeigen sie zu Hause den Eltern und Geschwistern. Liegt ein Kind krank im Bett oder ist es sogar im Spital, kann es mit dem kleinen Fingerspiel abgelenkt und fröhlich gestimmt werden.

Arzt spielen

(Bastelideen/Rollenspiel)

.... Ein Rollenspiel vorbereiten

Mit verschiedenen Kleidungsstücken und Utensilien aus dem medizinischen Bereich werden die Kinder auf das Rollenspiel eingestimmt. Daraus entwickeln die Kinder ihr eigenes Spiel (Begegnung zwischen Arzt und Patienten) und verarbeiten darin ihre bisher gesammelten Erfahrungen des Krankseins bzw. des Gesundwerdens.

- **Arztmantel**

Material

Gebrauchtes weißes Herrenhemd, roter Filzstift

Anleitung

Auf der Brusttasche ein rotes Kreuz aufmalen und die Hemdsärmel kürzen. Das Hemd kann auch verkehrt (Knöpfe am Rücken) angezogen werden.

- **Armbinde**

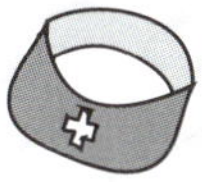

Material

Weißer Kartonstreifen oder Stoffstreifen (ca. 30 x 10 cm), Nadel, Nähseide, roter Filzstift, Heftklammern, Schere

Anleitung

Den Kartonstreifen zuschneiden, ein rotes Kreuz aufmalen und zu einem Ring zusammenklammern bzw. den Stoff zusammennähen. Zum Schluss die Armbinde auf den Oberarm schieben. Im Rollenspiel sind die Kinder damit als SanitäterInnen bzw. Rot-Kreuz-HelferInnen gut erkennbar.

- **Krankenschwesternhaube**

Material

Ärmel eines gebrauchten weißen Herrenhemdes, Gummiband, Nähseide, Nadel, roter Filzstift, Schere

Anleitung

Die Manschette (Ärmelbund) abschneiden und links und rechts ein Gummiband annähen (die Länge des Gummibandes entspricht der Kopfgröße). Ein rotes Kreuz auf die Manschette malen, somit ist die Krankenschwesternhaube einsatzbereit.

Köstliche warme Getränke

(Gesunde Durstlöscher)

.... Erfrischungen zur kalten Jahreszeit – Verkühlungen vorbeugen

Allgemeine Information

Bezogen auf das Körpergewicht liegt der Flüssigkeitsbedarf bei Kindern drei- bis fünfmal höher als bei Erwachsenen. Ein tägliches Teezeremoniell soll daher helfen, Kinder an regelmäßiges und ausreichendes (Tee-)Trinken zu gewöhnen. Dies kann z. B. durch eine frei zugängliche Teebar mit schönen Teekannen und Tassen, verschiedenen Teesorten, frisch gepressten Zitronen- und Orangensäften, gesunden Süßmitteln usw. erfolgen. Statt Zucker möglichst naturreinen Honig, Ahornsirup oder Birnendicksaft verwenden, alle Getränke jedoch nur wenig süßen! Zur Abwechslung verschiedene Tees auch kalt servieren. Dieses Teeritual soll die Kinder überdies dazu animieren, ausgiebig miteinander zu plaudern.

- **Kinderpunsch**

Zutaten

1l Fruchtsaft (Apfel-, Orangen-, Trauben-, Holundersaft usw.), Honig, 2 Zitronen, Zimtrinde, Gewürznelken

Zubereitung

Den Fruchtsaft in einem Kochtopf erhitzen, ein bis zwei Zimtrinden und ein paar Gewürznelken beigeben. Das Getränk etwas abkühlen lassen, Zitronensaft dazumischen und mit Honig nach Geschmack leicht süßen. Der nach Zimt und Früchten duftende Kinderpunsch schmeckt nicht nur Kindern besonders gut, sondern auch den Erwachsenen. Es ist ein sehr vitaminreiches und bekömmliches Getränk für die kalte Jahreszeit und hilft Verkühlungen vorzubeugen.

- **Heiße Limonade**

Zutaten

Himbeersaft, 1 Zitrone, Honig

Zubereitung

Himbeersaft mit Wasser verdünnen, erhitzen, Zitronensaft beigeben und mit Honig leicht süßen. Den heißen Fruchtsaft etwas abkühlen und den Kindern in Teetassen servieren. Die gut schmeckende Limonade ist ein idealer Durstlöscher für besonders kalte Tage.

Die lustige Faschingszeit!

6. Kapitel

Das macht Spaß

Komm mit zur Faschingsparty

Herzlich willkommen!

Das macht Spaß

Bändermobile

(Bastelidee)

.... Raumdekoration – Knoten üben – Lieblingsfarben auswählen

Material

Draht (Länge ca. 30 cm),
bunte Seidenbänder, Faden, Schere

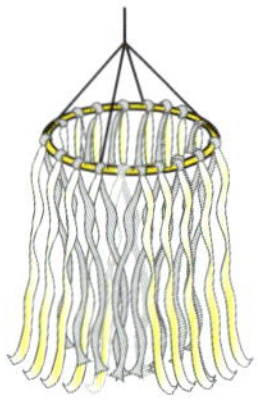

Anleitung

Den Draht zu einem Ring biegen. An diesem die bunten Seidenbänder festbinden. Danach am Drahtring drei bis vier Fäden zum Mittelpunkt hin spannen und verknoten. An diesem Knoten nochmals einen längeren Faden anbinden. Nun kann das Mobile an der Decke aufgehängt werden. Die lose nach unten hängenden Seidenbänder bewegen sich fröhlich im Luftzug. Dabei kann sich das ganze Mobile auch im Kreis drehen und den Raum zur Faschingszeit verschönern.

Krone

(Bastelidee)

.... Basteln und Spielen – Selbstwertgefühl steigern

Material

Leere Pringlesdose (Kartoffelchips),
Nadel, Rundgummi, Malfarben, Schere

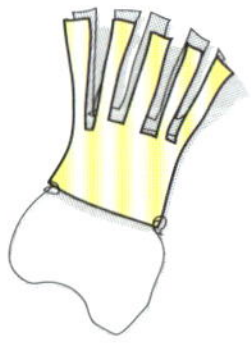

Anleitung

Den Bodenteil einer Pringlesdose (Rolle) abschneiden, sodass eine offene Röhre entsteht (Länge ca. 10 cm). An einem Ende nun den offenen Rand entlang des Umfanges mit einer Schere einschneiden und die entstandenen Streifen etwas nach außen biegen (siehe Abb.). Dadurch entstehen die Kronenzacken, die im Licht glänzen, da die Innenseite der Krone (Pringlesdose) silbrig beschichtet ist.
Außen die Krone bunt bemalen. Nun noch ein Gummiband daran befestigen und die Krone kann von den kleinen Prinzessinnen und Prinzen beim Spielen getragen werden.

Visier
(Bastelidee)

... Augenmaske fertigen – Fantasievolles Gestalten

Material

Zeichenkarton, Einziehgummi, Malfarben,
Glitter, evtl. bunte Federn, Schere

Anleitung

Für das Visier (siehe Abb.) die gewünschte Form aus Karton zuschneiden, danach die Öffnungen für die Augen hinzufügen.
Die Ausgestaltung erfolgt mit dem gewünschten Material (wie o.a.) nach eigenen Ideen. Anschließend noch einen Gummi an der Maske befestigen, aufsetzen und schon sind die Gesichter dahinter nicht mehr erkennbar!

Pantoffeltier
(Bastelidee)

.... Klappmaulfigur – Basteln und Spielen – Geschenkidee

Material

Kleine Gäste-Filzpantoffel, Knöpfe,
Wolle, Filz, Nadel, Klebstoff, Schere

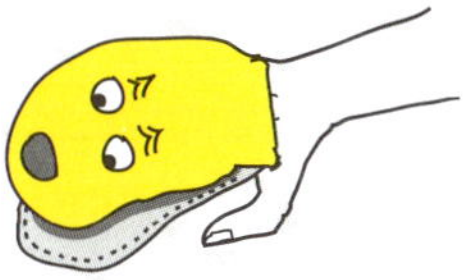

Anleitung

Die Kinder gestalten zuerst den Oberteil des Filzpantoffels zu einem lustigen Gesicht und biegen dann die Sohle um, sodass ein Klappmaul entsteht. Durch die Handbewegung lässt sich das Maul keck auf- und zumachen.

Ich bin das Krokodil

Renate Steiner

(Fingerspiel)

.... Mit einem gebastelten Pantoffeltier sprechen und spielen

Ich bin das Krokodil,
ich fresse gern und viel,
doch kommst du mir zu nah,
fress ich dich auf mit Haut und Haar!

Wir gehen jetzt im Kreis herum

Renate Steiner

(Spiellied)

.... Bewegungserfahrungen – Musikalisches Experimentieren

C F C G7 C
1. Wir ge - hen jetzt im Kreis her - um, Kreis her - um, Kreis her - um, wir
F C G7 C
ge - hen jetzt im Kreis her - um und dre - hen uns nun um.

2. Wir hüpfen jetzt im Kreis herum, Kreis herum, Kreis herum,
   wir hüpfen jetzt im Kreis herum und drehen uns nun um.

Anleitung

Für weitere Strophen werden andere Bewegungsformen eingesetzt, z.B. stampfen, schleichen, fliegen, tanzen usw.

Text- und Spielvariante

1. Wir machen heute Hausmusik, Hausmusik, Hausmusik,
   wir machen heute Hausmusik und alles klingt so froh!

Anleitung

Die Kinder untermalen mit unterschiedlichen Körper-, Geräusch- und Klanginstrumenten das Lied. Spielerisch erfahren sie dadurch neuartige Klänge und Rhythmen.

Der Kasperl ruft „Juchhuu“

Renate Steiner

(Gedicht)

.... Körper- und Bewegungsspiel – Sprachförderung

Schaut her, das ist das Kasperlhaus,
der Kasperl schaut beim Fenster raus.
Er winkt uns allen fröhlich zu,
dann verbeugt er sich und ruft: „Juchhuu!“
Gemeinsam treiben wir nun Spaß,
probiert mit mir doch irgendwas!
Ich hüpfe nur auf einem Bein,

bin einmal groß und einmal klein,
dann kitzle ich euch hinterm Ohr
und tanze euch was Tolles vor.
Bin ich müde, leg ich mich zur Ruh.
„Gute Nacht, jetzt mache ich die Augen zu."

Spielimpuls

Mit beiden erhobenen Händen ein spitzes Hausdach darstellen und zum Text passend die weiteren Bewegungen ausführen.

In der Faschingszeit empfinden die Kinder die Erlaubnis zum „Selberschminken" besonders attraktiv. Zu diesem Zweck kann im Kindergarten/in der Schule ein Schminktisch mit Spiegel und verschiedensten Schminkutensilien aufgebaut werden. Auch Mode- und Haarschmuck sowie leere, gut duftende Parfümfläschchen können bereitgelegt werden. Eltern stellen häufig gebrauchte Schminkutensilien gerne kostenlos zur Verfügung. Drogerien bieten zudem laufend Probepackungen und Reste gratis an. Für das Abschminken am besten Watte und Hautcreme verwenden!

Bunter Hexen-Schüttelkuchen

(Kochrezept)

.... Originelle Backidee für eine lustige Faschingsjause

Zutaten

1 Tasse fein gemahlenes Vollkornmehl, 1 Tasse Zucker, 1 Becher Joghurt, 1 Tasse Kokosette, 1/2 Tasse Speiseöl, 3 Eier, 1 Packung Backpulver, 1 Messerspitze rote Lebensmittelfarbe

Anleitung

Vollkornmehl, Kokosette, Zucker und Backpulver miteinander in einer Schüssel vermengen. Weiters mit Eiern, Öl und Joghurt verrühren. Nun den Teig mit der Lebensmittelfarbe rot einfärben. Kuchenform ausfetten, bemehlen und den vorbereiteten Teig einfüllen. Im vorgeheizten Rohr bei ca. 175° C etwa 50 Minuten lang backen.

Die Kinder dürfen beim Hexenkuchenbacken dabei sein und als Hexe verkleidet diesen als Geschenk zu einer Faschingsparty mitnehmen. Der Kuchen sieht auch grün oder blau gefärbt sehr effektvoll aus und ist eine tolle Partyüberraschung.

Faschingseinladung

(Bastelidee)

.... Bildnerisches Gestalten – Informationen zum Fest

Material

Malfarbe, Pinsel, Druckstempel (Kork, Styropor), Zeichenpapier (DIN A-4 Format), Zierband

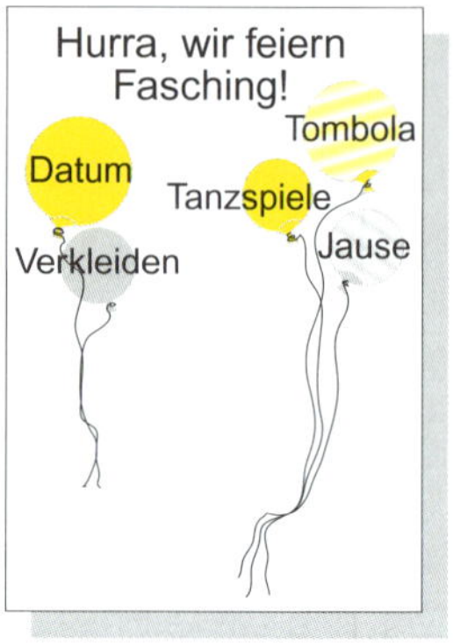

Abb. 1

Anleitung

Zuerst bereitet die Spielleiterin/der Spielleiter eine Kopiervorlage für die von den Kindern zu gestaltenden Faschingseinladungen vor.
Auf das DIN-A4 Blatt den Begrüßungstext gut lesbar in dunkler, kopierfähiger Schmuckschrift schreiben und einige Luftballons (siehe Abb. 1) dazu zeichnen. In diese werden anschließend alle wesentlichen Informationen zum Fest eingetragen. Danach die fertige Vorlage kopieren und an die Kinder verteilen. Falls gewünscht, die Kinder einzelnen Arbeitsgruppen zuordnen und zeitlich verschoben die Faschingseinladungen fertig stellen lassen.

Abb. 2

Für die Endgestaltung malen oder drucken die Kinder (mit o. a. Material) einen Kasperl bzw. lustigen Clown in die Mitte des Blattes, welcher dann die Ballons mit den Festinformationen in den Händen hält! (Siehe Abb. 2).
Der Kasperl oder der Clown lädt auf diese Weise die Kinder (oder auch Eltern) herzlich zum Faschingsfest in den Kindergarten/in die Schule ein.
Falls gewünscht, die Einladung zusammenrollen und mit einem Zierband verschließen.

Damit die Eltern zu Hause den Termin für das Faschingsfest rechtzeitig erfahren und ihre Kinder dem Motto entsprechend verkleiden und schminken können, dürfen die Kinder die Einladungen schon einige Tage vor dem Faschingsfest mit nach Hause nehmen.

Komm mit zur Faschingsparty

Der Fasching

Renate Steiner

(Eröffnungstanz)

.... Präsentationsmöglichkeiten im Faschingskostüm

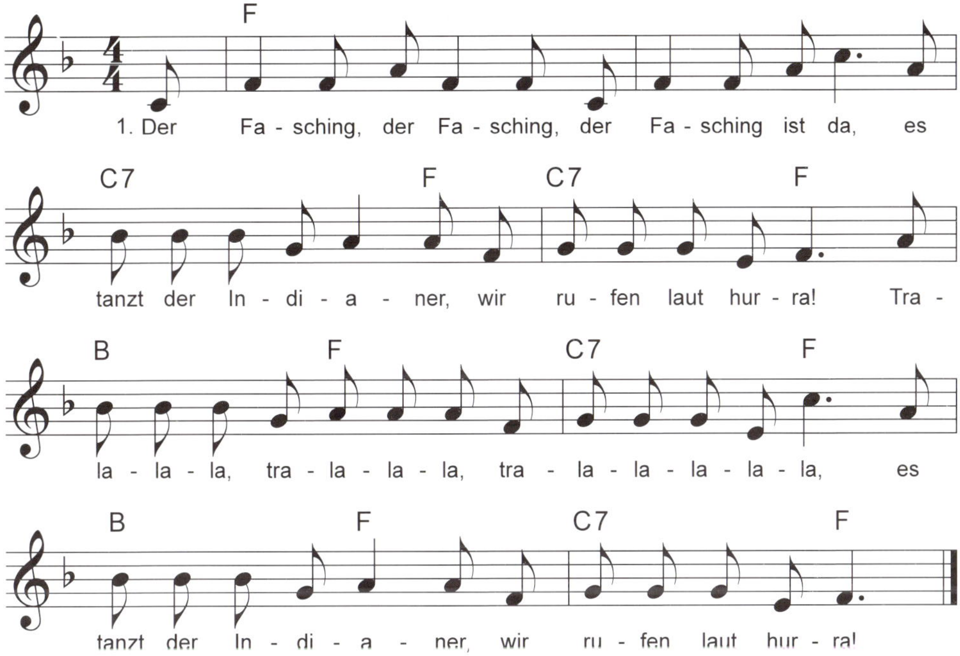
F
1. Der Fa - sching, der Fa - sching, der Fa - sching ist da, es
C7 F C7 F
tanzt der In - di - a - ner, wir ru - fen laut hur - ra! Tra -
B F C7 F
la - la - la, tra - la - la - la, tra - la - la - la - la - la, es
B F C7 F
tanzt der In - di - a - ner, wir ru - fen laut hur - ra!

2. Der Fasching, der Fasching, der Fasching ist da,
   es tanzt die Eisprinzessin, wir rufen laut hurra!
   Tra-la-la-la, tra-la-la-la, tra-la-la-la-la-la,
   es tanzt die Eisprinzessin, wir rufen laut hurra!

Alle weiteren Strophen zu den Kostümen passend variieren, z.B.

3. Der Fasching, der Fasching, der Fasching ist da,
   es tanzt der schöne Zauberer *(der wilde Cowboy, der kleine Kasperl, die schwarze Katze, der große Zorro usw.)*,
   wir rufen laut hurra!
   Tra-la-la-la, tra-la-la-la, tra-la-la-la-la-la,
   es tanzt der schöne Zauberer, wir rufen laut hurra!

Letzte Strophe

Der Fasching, der Fasching, der Fasching ist da,
es tanzen alle Masken, wir rufen laut hurra!
Tra-la-la-la, tra-la-la-la, tra-la-la-la-la-la,
es tanzen alle Masken, wir rufen laut hurra!

Tanzanleitung

Der Tanz eignet sich besonders gut zum Präsentieren aller Kostüme bei einem Faschingsfest. Die Kinder bilden einen Kreis, die aufgerufene Maske (z.B. Indianer) tritt in die Mitte und dreht sich im Kreis herum, die Übrigen klatschen dazu. Das Lied kann beliebig oft wiederholt werden, bis alle FestteilnehmerInnen ihre Kostüme vorgestellt haben! Zur letzten Strophe tanzen alle gemeinsam und drehen sich ebenfalls im Kreis herum.

Spielstationen für Kinderfeste

(Festgestaltung)

.... Großgruppenanimation – Spiel und Spaß erleben

Anleitung

Je nach Alter, Anzahl der Kinder und räumlichen Möglichkeiten bereitet die Spielleiterin/der Spielleiter verschiedene Spielstationen vor, die mit unterschiedlichen Farbtüchern gekennzeichnet werden. Zusätzlich wird für jedes Kind ein Spielepass zum Umhängen vorbereitet, auf dem diese Stationen in Form von Symbolen vermerkt sind, bzw. aufgeschrieben werden können. Dieser Spielepass wird in der Folge bei den verschiedenen Stationen für Eintragungen benötigt. Die Kinder wählen zuerst ihre Lieblingsstationen aus und erfüllen die dort vorgesehenen Spielaufgaben. Sobald diese bewältigt sind, erhält jedes Kind im Spielepass einen Farbaufkleber, welcher der Farbe der durchgeführten Station entspricht, um den erfolgreichen Abschluss zu dokumentieren. Statt dem Aufkleber kann auch ein farbiger Punkt mit Filzstift aufgemalt werden.

Spielepass

Hindernislauf	*rot*	*Dosen schießen*	*lila*
Rasseln basteln	*gelb*	*Maske malen*	*orange*
Schminken	*grün*	*Rätselspiel*	*schwarz*
Schatzsuche	*blau*	*Nägel einschlagen*	*grau*
Sackhüpfen	*braun*	*Brötchen belegen*	*rosa*

Haben die Kinder mindestens fünf Stationen besucht, so gilt der Pass als Eintrittskarte für ein besonderes Ereignis, z. B. für ein Kasperltheater, eine Zaubervorstellung oder ein Marionettentheater. Es ist ferner möglich, den Pass gegen einen Anerkennungspreis einzutauschen.

Luftballonspiele

(Tänze)

.... Geschicklichkeit fördern – Heitere Musik- und Bewegungserfahrungen

Bei den angeführten Tanzspielen dürfen sich die Kinder frei im Raum bewegen, jedoch ist bei großer Begeisterung auf die Zusammenstoßgefahr hinzuweisen und evtl. das Tempo zu reduzieren! (Von Vorteil ist ein großer Raum bzw. Turnsaal).

- **Luftballon in die Höhe schubsen**

Jedes Kind erhält für diesen Tanz einen aufgeblasenen Luftballon. Während die Musik spielt, werden die Ballons mit dem Finger (bzw. Kopf oder Knie) immer wieder in die Höhe geschubst.

Musikalische Gestaltungsmöglichkeit

Zum Thema und zur Rhythmik passend, eignet sich für dieses Bewegungsspiel besonders gut das Kinderlied „Mein Luftballon", Titel Nr. 15, der CD „Zauberträume Purzelbäume" von Franz u. Renate Steiner, erschienen im Veritas-Verlag, Linz (bzw. Domino Musikverlag, Mauerkirchen).
Den Text und Notensatz zu dem Lied findet man im gleichnamigen Buch (Veritas-Verlag, Linz) auf Seite 57.

- **Luftballon-Geschicklichkeitsspiel**

Die Kinder bilden Tanzpaare. Jedes Tanzpaar versucht nun, Rücken an Rücken stehend zwischen den Rücken einen Luftballon zu halten und zur Musik zu tanzen ohne den Luftballon zu verlieren. Dabei bewegen sich alle Tanzpaare frei durch den Raum. Der Tanz ist sehr beschwingt und der Luftballon kann in der Folge mit verschiedenen Körperteilen gehalten werden (z.B. Schulter an Schulter, Bauch an Bauch, Kopf an Kopf usw.).

- **Luftballon fangen**

Aufgeblasene Luftballons auf dem Boden verteilen, um einen Ballon weniger als Kinder auf der Tanzfläche sind. (Bei größeren Gruppen 2–4 weniger). Sobald die Musik spielt, bewegen sich alle TänzerInnen im Raum zwischen den Luftballons frei umher. Mit den Füßen dürfen dabei die Luftballons weitergeschubst werden. Stoppt die Musik, soll schnell ein Luftballon gefangen und hochgehalten werden.
Wem gelingt dies und wem nicht? Die nächste Spielrunde beginnt, alle Kinder können es erneut versuchen, somit gibt es keine Verlierer in der Gruppe.

- **Luftballons auf Leintuch**

Alle TänzerInnen halten mit den Händen gemeinsam ein Leintuch oder ein Fallschirmtuch. Dieses hängt vorerst locker zu Boden, dann werden einige bunte Luftballons darauf verteilt. Die Kinder bewegen sich anschließend mit dem Leintuch im Kreis herum und sprechen dabei folgenden Spruch:

„Luftballon, Luftballon, flieg!"

Bei dem Wort „flieg" heben alle gemeinsam das Tuch schwungvoll in die Höhe, sodass die Luftballons zu fliegen beginnen.
Nun versuchen die Kinder die Ballons auf dem Leintuch wieder landen zu lassen und einzufangen.

Faschingskrapfenspiel

(Gemeinschaftsspiel)

.... Rasches Reagieren – Gemeinsam Spaß haben

Bei der Faschingsparty wird ein Teller mit einem Faschingskrapfen in die Mitte eines Tisches gestellt. Einige Kinder gehen um den Tisch herum und sprechen gemeinsam laut oder leise (flüsternd) den Spruch:

„Auf dem Tisch, auf dem Tisch, liegt ein Krapfen gut und frisch.
Wer schnell ist, der macht schnapp und beißt ein Stück vom Krapfen ab!"

Ist der Spruch zu Ende, versucht jedes Kind der Spielgruppe den Krapfen zu erhaschen und schnell einen Bissen davon zu machen. Dies gelingt jedoch nur einem. Der angebissene Krapfen wird danach auf den Teller zurückgelegt und der Spruch von neuem wiederholt. Das Spiel wird so lange fortgesetzt, bis der Krapfen zur Gänze aufgegessen ist.

Glückswürfeln

(Tombola)

.... Lustiges Glücksspiel – Zahlenbegriffe einbeziehen

Verschiedene kleine Tombolapreise (die Zahl richtet sich nach der Größe der Kindergruppe) werden auf einen Tisch gelegt. Der Reihe nach dürfen nun alle Kinder mit einem möglichst großen Würfel (Schaumstoffwürfel) ihr Glück versuchen, einen Preis zu gewinnen. Wird die Zahl „Eins" oder „Sechs" gewürfelt, erhält der glückliche Gewinner nach eigener Auswahl einen der Preise auf dem Tisch und scheidet somit aus dem Spiel aus. Es wird so lange weiter gewürfelt, bis jedes Kind einen Preis gewonnen hat. Die ersten Gewinner jedoch haben noch die größere Auswahl unter den Preisen und sind somit begünstigt!

Wer hoppelt über die Wiese?

7. Kapitel

Wenn die Natur erwacht

Ostern entgegengehen

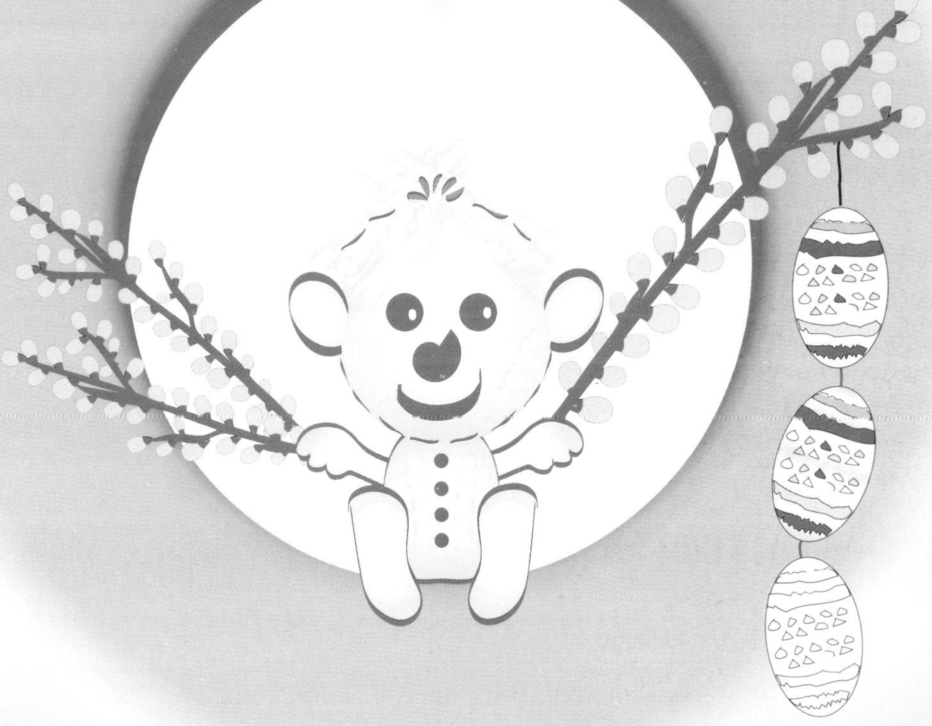

Herzlich willkommen!

Wenn die Natur erwacht

Frühlingsspaziergang

Renate Steiner

(Sinneserfahrung)

.... Sprechen und Spielen – Elementare Sinneserfahrungen

Ich gehe heut spazieren,	*... am Platz gehen*
ich gehe aus dem Haus,	*... mit Händen Hausdach zeigen*
ich sehe Vögel fliegen,	*... mit Armen Flugbewegung nachahmen*
eine Katze schleicht ums Haus.	*... das Schleichen darstellen*
Die Erde kann ich fühlen,	*... mit Händen am Boden tasten*
das Wasser, das ist nass.	*... Hände schütteln*
Die Luft, die kann ich spüren,	*... mit Händen Wind erzeugen*
hurra, das macht mir Spaß!	*... springen und in die Hände klatschen*

Spielimpuls

Zum Text passend die Bewegungen darstellen, anschließend einen Spaziergang unternehmen, bei dem die im Spruch vorkommenden Dinge von den Kindern nachvollzogen werden können. Darüber hinaus gibt es in der Natur noch vieles mehr zu entdecken!

Der Frühlingsspaziergang wird dazu genutzt, auch neues Gelände in der Natur zu erkunden (z.B. Waldlichtung, Hügel, Bachufer). Die Kinder versuchen dabei die gesammelten Eindrücke aus der Natur mittels Körpersprache auszudrücken (ein Baum wiegt sich im Wind, das Öffnen einer Blüte, ein flatternder Schmetterling usw.). Damit werden spielerisch neue Blickwinkel eröffnet und manche kleine und verborgene Dinge ans Tageslicht gebracht und erforscht!

Minigarten

(Kleine Welt-Spiel)

.... Natur begegnen – Den Wert der Natur erkennen

Material

Obstkiste aus Holz, Plastiksack, Gartenerde (oder Blumenerde), kleine Glasschüssel, Kieselsteine, Grassamen, Kräuter, zierliche Blumenpflanzen

Anleitung

Den Plastiksack aufschneiden und die Holzkiste damit auslegen. Darauf die Erde verteilen und einen Minigarten formen.

Hinweis

Jedes Kind betreut seine Pflanzen selbst. Die Erde soll feucht gehalten werden und genügend Licht muss vorhanden sein. Auch auf die richtige Umgebungstemperatur achten! (Sie richtet sich nach der Bepflanzung). Das gewachsene Gras (Minirasen) wird am besten mit einer kleinen Schere gemäht. Werden die Planzen zu groß, sollte man sie umpflanzen bzw. ins Freie setzen.

- **Ziergarten mit Blumen**

Einen Primel- oder Veilchenstock in den Ziergarten einsetzen. Daneben mit der Hand eine Mulde in die Erde drücken und die mit Wasser gefüllte Glasschale hineinstellen. Sie bildet einen Miniaturteich. Einige Birkenzweige hinzufügen, sie sehen wie junge Bäume aus. Mit Kieselsteinen dazwischen einen Weg anlegen und die restliche Fläche mit Grassamen bestreuen. Auch bunte, selbst gebastelte Schmetterlinge, Vögel oder Käfer finden in dem netten Ziergarten genügend Platz.

- **Kräutergarten**

Beliebige Kräutersamen (Kresse, Radieschen, Schnittlauch usw.) in der Holzkiste vorziehen. Jedes Beet mit einem Namenskärtchen beschriften und dieses dazustecken. Desgleichen können auch Salatsamen, Sonnenblumenkerne, Weizen usw. im Minikräutergarten vorgezogen werden. Beete mit Kieselsteinen abgrenzen.

Heuküken

(Bastelidee)

.... Werken mit Naturmaterial – Tastsinn und Geruchssinn schärfen

Material

Heu, Blumendraht, Filz, Klebstoff, Schere

Anleitung

Etwas Heu mit den Händen zu einer kleinen Kugel zusammendrücken und mit Blumendraht fest umwickeln. So entsteht der Kopf des Kükens. Eine zweite, etwas größere Heukugel ergibt den Vogelkörper. Beide nun mit Blumendraht fest miteinander verbinden. Die Augen, den Schnabel und die

Vogelfüße individuell aus Filz anfertigen und am Kopf bzw. am Körper des Kükens mit Klebstoff befestigen.

Das Küken, das so wunderbar nach Heu duftet, überall dort aufstellen, wo dieser Geruch erwünscht ist und angenehm entspannend wirkt. Der Geruch erinnert Kinder und Erwachsene an eine frische Heuernte und lässt positive Bilder entstehen.

Komm

Renate Steiner

(Gedicht)

.... Naturerlebnisse erfahren – Eindrücke sammeln

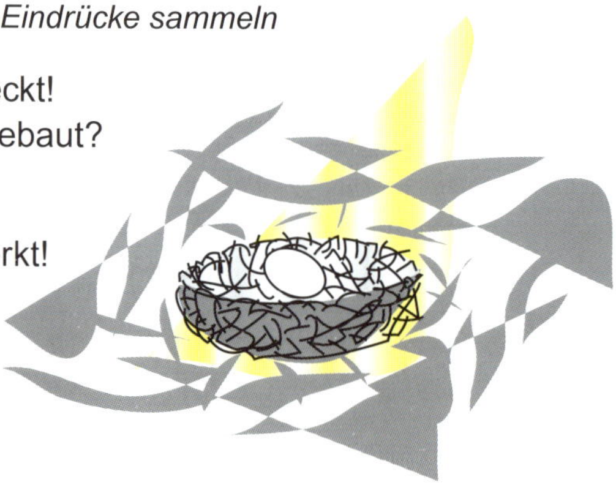

Komm, ich hab etwas entdeckt!
Wer hat denn da ein Nest gebaut?
Es ist gut versteckt!

Schau, ich hab etwas bemerkt!
Im Nest da liegt ein Ei!
Es ist gut versteckt!

Still, ich hab etwas gehört!
Die Schale springt entzwei,
heraus aus dem Ei –

schlüpft ein Vogelkind!

Wird im Garten ein Nest mit jungen Vögeln oder Vogeleiern entdeckt, kann dieses täglich mit den Kindern beobachtet werden. (Evtl. auch im nahe gelegenen Wald). Diese Beobachtungen sollen für die Kinder erfahrbar und begreifbar sein und ihre Neugierde wecken. In Diskussionen mit den Kindern wirft die Spielleiterin/der Spielleiter wichtige Fragen auf, z. B. „Darf man junge Vögel mit den Händen berühren und aus dem Nest nehmen?“. Erklärungen und Informationen zur Tierkunde können spielerisch und umsichtig in die täglichen Beobachtungen eingebaut werden. Auf diese Weise erleben die Kinder eine Sensibilisierung im Umgang mit Tieren und der Natur.

Wer hoppelt über die Wiese?

(Gedicht)

Renate Steiner

.... Begegnung mit Tieren – Sprachförderung

Wer hoppelt über die Wiese,
wer sitzt im grünen Gras?
Wer wackelt mit den Ohren,
einfach nur zum Spaß?

Wer knabbert so gerne Karotten,
wer frisst auch im Garten den Kohl?
Es ist ein kleiner Hase,
den kennt ihr alle wohl!

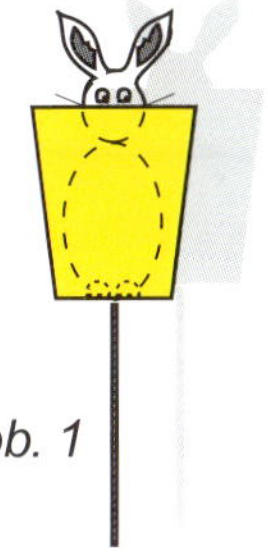
Abb. 1

Abb. 2

Hoppelhase

(Bastelidee)

.... Stabfigur – Singen und Spielen

Material

Kaffeefiltertüte, Rundholzstab (Länge ca. 25 cm), Zeichenkarton, grüne Ölkreiden, Malstifte, Wollfäden, Tixo, Klebstoff, Schere

Anleitung

Die Kaffeefiltertüte außen mit den Ölkreiden grün bemalen. Sie stellt die Wiese dar. Aus dem Zeichenkarton ein kleines Häschen (ca. 2–3 cm höher als die Kaffeefiltertüte) ausschneiden und nach eigenen Ideen mit Malstiften bemalen. Verschieden lange Barthaare aus Wolle aufkleben bzw. aufzeichnen oder malen. Danach das Häschen an der Rückseite mit Tixo fest auf den Rundholzstab kleben. Der Stab soll dabei ca. 20 cm unter dem Häschen hervorstehen! Anschließend den Rundholzstab durch die leere Filtertüte stechen und nach unten ziehen, bis das Häschen am Filterboden aufsitzt (Abb. 1). Nun ragen nur noch die Ohren eines wachsamen Häschens über den oberen Rand des Filters hinaus.

Spielimpuls

Mit dem Holzstab schieben die Kinder das Häschen wiederholt nach oben und unten, sodass es aussieht, als würde tatsächlich ein neugieriges Häschen über eine grüne Wiese hoppeln (Abb. 2).
Dazu passend kann das bekannte Kinderlied „Häschen in der Grube“ gesungen werden.

Die kleine Raupe

Renate und Franz Steiner

(Gedicht)

.... Zusammenhänge erfassen – Entwicklung von Tieren beobachten

Ich bin die kleine Raupe
und fress das grüne Blatt.
Ich fresse viele Blätter
und werde doch nicht satt!

Jedoch an einem Frühlingstag
in diesem neuen Jahr,
bin ich nicht mehr die,
die ich einmal war!

Die Kinder suchen im Garten nach einer Raupe, die sie zusammen mit mehreren Blättern in ein Einmachglas geben. Die Blätter sollen von der gleichen Pflanze stammen, auf der sie gefunden wurde. Mit einem luftdurchlässigen Gardinenrest wird das Glas abgedeckt, damit die Raupe nicht herauskriechen kann. Jetzt haben die Kinder Gelegenheit, über Tage hinweg die Raupe zu beobachten, wie sie sich langsam zu einem Schmetterling verwandelt. Wichtige Informationen werden spielerisch eingebaut.

Seidenpapier-Schmetterling

(Bastelidee)

.... Kreatives Gestalten – Geschenkidee

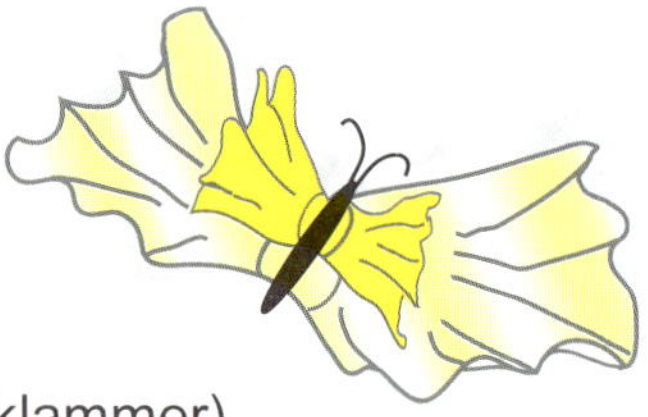

Material

2 verschiedenfärbige Bögen Seidenpapier
(ca. 10 x 10 und 12 x 12 cm), Pfeifenputzer,
Schere, (evtl. Faden, Rundholzstab, Wäscheklammer)

Anleitung

Beide Seidenpapier-Quadrate jeweils in der Mitte raffen, danach die zwei Teile der Länge nach übereinander legen, den kleineren Teil auf den großen. Die zwei Papierteile (sie stellen die Flügel dar) mit einem Pfeifenputzer in der Mitte einmal umschlingen und die beiden Enden mehrere Male verdrillen (zusammendrehen). An den Enden ein kurzes Stück frei lassen, diese dann zu Fühlern auseinander biegen (siehe Abb.). Auf der Oberseite der Flügel am Pfeifenputzer einen Faden befestigen und den fertigen Seidenpapier-Schmetterling an gut sichtbarer Stelle im Raum aufhängen.

Weiterführende Idee

Der Seidenpapier-Schmetterling kann auch an Vorhängen, Pflanzen oder einer Glückwunschkarte als hübsche Dekoration angesteckt werden. Dazu den Schmetterling vorher mit Klebstoff an einer Wäscheklammer befestigen.

Ostern entgegengehen

Fastenkalender

(Bastelidee)

.... Religiöse Erziehung – Werte vermitteln – Optische Zeiterfassung

Material

Großer Zeichenkarton, Filzstifte

Anleitung

Die vorliegende Abbildung (Fastenkalender) vergrößert auf Zeichenkarton übertragen und die einzelnen Bereiche (Fastensonntage) optisch gut erkennbar ausgestalten.

Vorbereitung auf das Osterfest

Mit Aschermittwoch beginnen die Wochen der Vorbreitung auf das größte Fest der Christen, das Osterfest. Der Kalender soll helfen, den Kindern das Fest optisch wie auch inhaltlich näher zu bringen. In der Gruppe versuchen die Kinder gemeinsam, unter Anleitung der Spielleiterin/des Spielleiters, für jede Woche einen guten Vorsatz zu finden, der im Fastenkalender unter dem jeweiligen Sonntag festgehalten wird (z. B. Symbole zeichnen, dazupassende Bilder aufkleben, Vorsätze schriftlich notieren). In der darauf folgenden Woche versucht die gesamte Gruppe, diesen Vorsatz im täglichen Kindergarten-/Schulablauf (bzw. zu Hause oder bei Freunden) auch tatsächlich umzusetzen.

Folgende Fragen könnten zum Finden positiver Vorsätze behilflich sein.

- *Verzichten wir manchmal auf das Fernsehen?*
  (Sollten wir mehr Zeit zur Verfügung haben? Wenn ja, wofür? ...)
- *Wozu verwenden wir unsere Hände?*
  (Helfen wir damit auch anderen Menschen? ...)
- *Versuchen wir täglich Frieden zu halten?*
  (Können wir verzeihen, uns versöhnen, umdenken lernen? ...)
- *Vermögen wir anderen Menschen Mut zu machen?*
  (Wann haben wir das letzte Mal kranke und alte Menschen besucht bzw. Verwandten, Freunden usw. Hilfe angeboten? ...)
- *Wo entdecken wir in kleinen Dingen sehr viel Schönes oder auch Unbekanntes, Furchterregendes?*

(Beim Betrachten einer Blume, eines Wassertropfens, beim Berühren eines Käfers, einer Ameise, einer Spinne in ihrem Netz? ...)

- *Wie lernen wir mit unseren Freuden, aber auch Ängsten umzugehen?*

  (Reden wir mit den Eltern oder Freunden über das, was uns positiv/negativ berührt? Wissen wir eigentlich, warum wir uns vor etwas fürchten? ...)

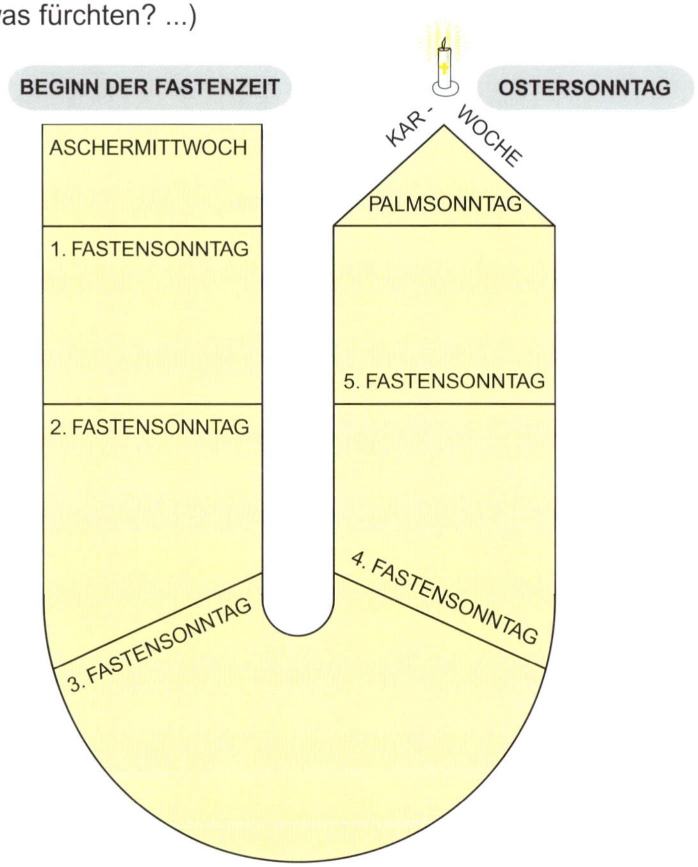

Die Welt ist voll Leben

Renate Steiner

(Gedicht)

.... Veränderungen der Natur wahrnehmen –Werdendes Leben entdecken

Die Welt ist voll Leben,
probier es nur aus!
Leg ein Samenkorn in die Erde,
ein Grashalm wird daraus.

Die Welt ist voll Leben,
probier es nur aus!
Leg eine Zwiebel in die Erde,
eine Blume wird daraus.

Heute darf ich Eier färben

Renate Steiner

(Lied)

.... Österliches Brauchtum pflegen

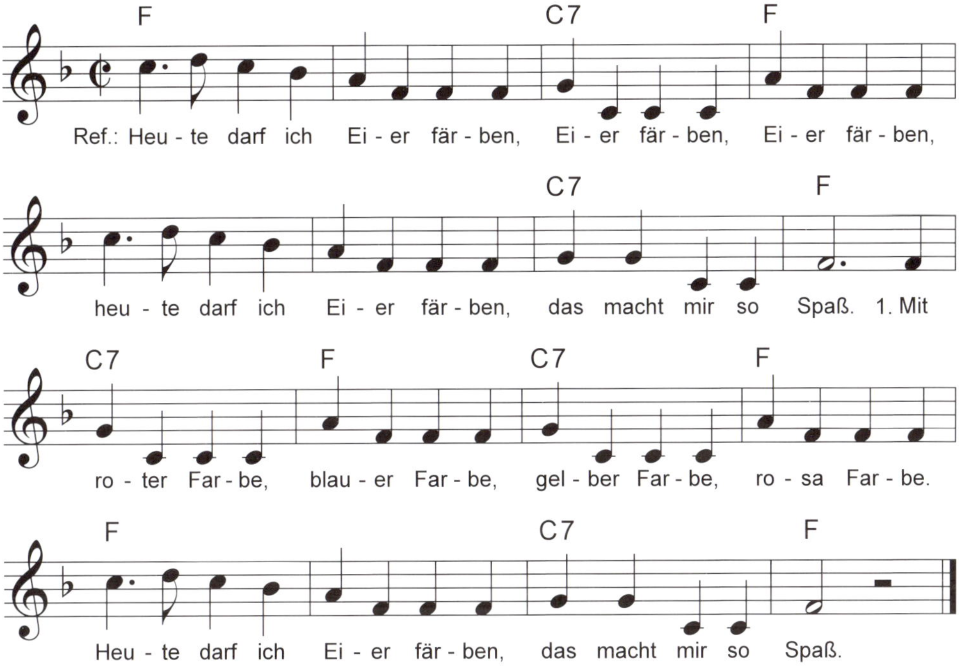
F C7 F
Ref.: Heu - te darf ich Ei - er fär - ben, Ei - er fär - ben, Ei - er fär - ben,
C7 F
heu - te darf ich Ei - er fär - ben, das macht mir so Spaß. 1. Mit
C7 F C7 F
ro - ter Far - be, blau - er Far - be, gel - ber Far - be, ro - sa Far - be.
F C7 F
Heu - te darf ich Ei - er fär - ben, das macht mir so Spaß.

Ref.: Heute darf ich Eier färben, Eier färben, Eier färben,
heute darf ich Eier färben, das macht mir so Spaß.

2. Mit grüner Farbe, oranger Farbe, lila Farbe, brauner Farbe.
Heute ...

3. Mit heller Farbe, dunkler Farbe, kräftiger Farbe, bunter Farbe.
Heute ...

Ostergesteck

(Bastelidee)

.... Gras ansäen und Wachstum beobachten – Tischschmuck vorbereiten

Material

Blumentopf, Blumenerde, Grassamen, Lackmalfarben, Pinsel, 3 ausgeblasene Eier, 3 Rundholzstäbe, Zierbänder

Anleitung

Die drei ausgeblasenen Eier bunt bemalen, danach jeweils auf einen Rundholzstab stecken und mehrere Zierbänder zur Verschönerung anbringen. Den Blumentopf mit Farbe lackieren. Sobald die Farbe trocken ist, Erde hineingeben. Darauf Grassamen streuen, anschließend diesen mit den Händen leicht in die Erde drücken und regelmäßig alle 2–3 Tage gießen. Zur Dekoration die drei Rundholzstäbe mit den bunten Ostereiern in die Erde stecken. Nach etwa zwei Wochen wächst das Gras. Wird dieses zu hoch, mit der Schere kürzen.

Osterkörbchen

(Bastelidee)

.... Kreatives Gestalten – Geschenkkörbchen zum Füllen

In die fertig gebastelten Körbchen etwas Ostergras oder Holzwolle geben. Anschließend eine kleine Osterüberraschung für die Kinder hineinlegen und das Ganze als Osternest verstecken. Schon kann die lustige Suche zum Osterfest beginnen!

- **Nest aus Wäscheklammern**

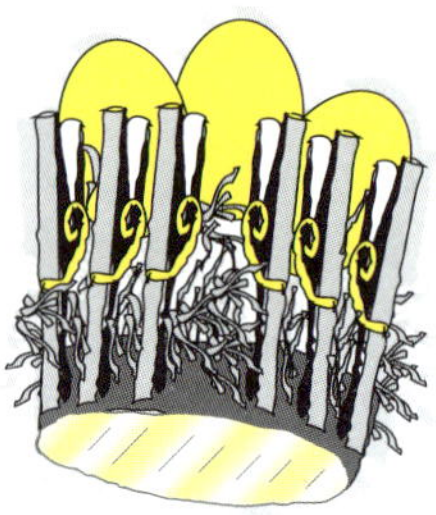

Material

Holzkluppen (Wäscheklammern), runde Käseschachtel, Ostergras

Anleitung

Holzkluppe an Holzkluppe auf den offenen Schachtelrand klemmen (siehe Abb.). Nun mit dem Ostergras auslegen und darin kleine Geschenke oder bunte Eier verbergen.

- **Geflochtene Bastschüssel**

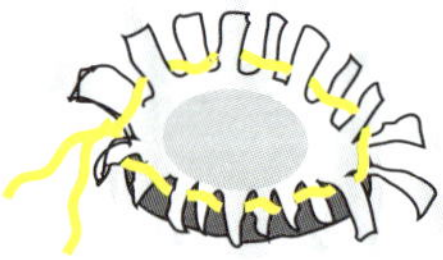

Material

Leere Pringlesdose (Kartoffelchips), Bast, Klebstoff, Schere

Anleitung

Die Dose in einer Höhe von ca. 12 cm abschneiden. (Es wird nur der untere Teil benötigt). Anschließend Streifen im Abstand von 1–2 cm einschneiden (siehe Abb.). Die entstandenen Kartonstreifen etwas nach außen drücken und mit einem Bastfaden auf der gesamten Höhe umflechten (evtl. verschiedenfärbige Bastfäden verwenden). Das Ende des Fadens festkleben.
Auf diese Art und Weise entsteht eine hübsche, geflochtene Bastschüssel, die zugleich als Osternest verwendet werden kann.

- **Osterhahn**

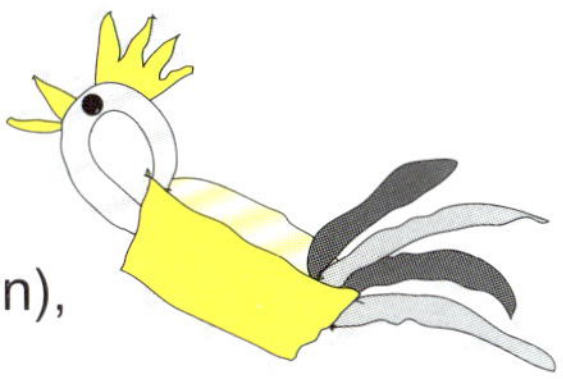

Material

Leere Schachtel (Obst-, Gemüse- oder Käseschachtel usw.), Krepppapier, Tonpapier, Klammermaschine (Heftklammern), Klebstoff, Schere

Anleitung

Aus Tonpapier einen Streifen zuschneiden (Breite ca. 4 cm, Länge ca. 20 cm) und diesen am oberen Rand der Schachtel als Kopf des Hahnes mit Heftklammern befestigen (siehe Abb.). Den Kamm, den Schnabel und die Augen aus Tonpapier ausschneiden und am Papierstreifen (Kopf) festkleben. Am gegenüberliegenden Rand der Schachtel (Hinterteil des Hahnes) bunte Hühnerfedern aufkleben. Diese zuvor aus Krepppapier zuschneiden. Welches Kind kann krähen wie ein Hahn?

Osterkerze

(Bastelidee)

.... „Christus als Licht der Welt“ symbolisch darstellen

Material

1 weiße Kerze, Knetwachs

Anleitung

Aus Knetwachs ein Kreuz formen und auf die Kerze drücken. Weiters können die fünf Wundmale Jesu, die Jahreszahl und die griechischen Buchstaben „Alpha und Omega“ (siehe Abb.) dargestellt werden. Sie verdeutlichen symbolisch: „Jesus ist zugleich Anfang und Ende des Lebens.“

Die Osterkerze leuchtet

Renate Steiner

(Gedicht)

.... Sprachförderung – Religiöses Ostersymbol erleben

Die Osterkerze leuchtet,
ihr Licht strahlt in die Welt,
ich hab sie uns gebastelt
und auf den Tisch gestellt.

Wir freuen uns gemeinsam,
dass Jesus wieder lebt,
so feiern wir das Osterfest,
die Hände euch nun gebt!

Ich singe vor dem Licht

Renate Steiner

(Lied/Tanz)

.... Ostertanz – Ein religiöses Ritual gemeinsam erleben

F C7 F C7 F
1. Ich sin-ge vor dem Licht, vor dem Licht, das für Je-sus Zei-chen ist.
F C7 F C7 F
Ref.: Ha - lle - lu - ja, ha - lle - lu - ja, ha - lle - lu - ja!

Ref.: Halleluja, halleluja, halleluja!

2. Ich klatsche vor dem Licht, vor dem Licht, das für Jesus Zeichen ist!

3. Ich tanze vor dem Licht, vor dem Licht, das für Jesus Zeichen ist.

Tanzanleitung

Eine Osterkerze wird je nach Größe auf den Boden oder auf einen Tisch gestellt und festlich geschmückt. Die Kinder stellen sich nun im Kreis um die Osterkerze auf. Gemeinsam singen sie das Osterlied und stellen zum Text passend die Bewegungen dar. Beim Singen des Refrains reichen die Kinder einander die Hände und gehen zwei Schritte nach rechts, machen einen Wiegeschritt, gehen nochmals zwei Schritte nach rechts und führen den letzten Wiegeschritt durch. (Nach jeder Strophe wird der Refrain wiederholt!)

Der heiße Tipp

Als österliches Ritual wird in der Gruppe gemeinsam eine große Osterkerze gestaltet, die von den Kindern bei der festlichen Osterjause entzündet wird. Dazu singt die ganze Gruppe das Lied und tanzt im Kreis. Nach dieser gemeinsamen Osterfeier darf nun jeden Tag ein anderes Kind die Osterkerze mit nach Hause nehmen, um dieses Osterlicht in der Familie zu entzünden.

Elternbrief zur Fastenzeit

(Information)

.... Kinder und Erwachsene in gemeinsame Festrituale einbeziehen

Liebe Eltern!

In der Fastenzeit wollen wir die Kinder nicht nur auf das „Verzichten-können“ aufmerksam machen, sondern auch die religiöse Grundhaltung zum bevorstehenden Osterfest vermitteln.
Ostern, „das Fest des Lebens und der Auferstehung Jesu“, soll den Kindern durch vielerlei Spiele, Lieder, Geschichten, Gespräche und Betrachtungen der Natur, der Menschen und Tiere näher gebracht werden. Darüber hinaus soll auch für all jene Kinder, die nicht dem Christentum angehören, dies eine Zeit der Stille, Ruhe und Freude sein. Kleine meditative Entspannungsübungen und vieles mehr helfen uns, dieses Ziel zu erreichen.

Als Zeichen dieser gemeinsamen Vorfreude auf das nahende Osterfest wird Ihr Kind eine selbstgebastelte Osterkerze mit nach Hause nehmen. So kann innerhalb der Familie ein Osterlicht entzündet und sein heller Schein im Kreise der Liebsten Besinnlichkeit und Freude ausstrahlen.

In diesem Sinne wünscht Ihnen das gesamte Kindergartenteam (LehrerInnenteam) ein schönes und frohes Osterfest!

Mit herzlichen Grüßen

(Kindergarten-/Schulleitung)

Die Kinder schmücken und verzieren (zeichnen, malen, aufkleben von Bildern usw.) den für ihre Eltern vorgesehenen Brief mit österlichen Motiven. Nach den Feiertagen kann darüber hinaus eine festliche Osterjause für die Kinder vorbereitet werden, wobei die Kinder obendrein ihr Osternest suchen dürfen.

Osterfest

(Gedicht)

Renate Steiner

.... Brauchtum pflegen – Osternest suchen

Ich lauf hinaus auf die Wiese,
ich freu mich über das Fest!
Wo finde ich bunte Eier,
Eier für das Osterfest?

Ich lauf hinaus auf die Wiese,
ich freu mich über das Fest!
Vielleicht finde ich Blumen,
Blumen für das Osterfest?

Wo ist das Ei versteckt?

(Suchspiel)

.... Miteinander spielen – Verborgenes suchen und entdecken

Die Spielleiterin/der Spielleiter versteckt im Freien oder im Gruppenraum ein buntes Osterei. Alle Kinder begeben sich auf die Suche nach dem Ei. Wer es findet, darf den anderen das Versteck jedoch nicht preisgeben, sondern flüstert der Spielleiterin/dem Spielleiter die Auflösung unauffällig ins Ohr und setzt sich nieder. Das Ei bleibt im Versteck liegen! Die anderen suchen so lange weiter, bis auch sie das Osterei entdeckt haben. Alle verhalten sich gleich wie die anderen „glücklichen Finder" und beobachten die übrigen Kinder, wie diese neugierig in der gesamten Umgebung nach dem Osterei weitersuchen! Die Spannung steigert sich mit jeder neuerlichen Entdeckung!

Eierstaffel

(Geschicklichkeitsspiel)

.... Motorik fördern – Spielerisch zu Leistungen anspornen

- *Ein Osterei auf einen Suppenlöffel legen ...*
  und so um die Wette laufen.

- *Ein Osterei auf den Boden legen ...*
  und mit Hilfe eines Kochlöffels um die Wette rollen.

- *Ein Osterei in der Hand halten ...*
  und um die Wette zu einem Korb laufen.

8. Kapitel

Komm lieber Mai!

Muttertag/Vatertag

Riecht ihr schon den Sommer?

Herzlich willkommen!

Muttertag/Vatertag

Geschenke für die Eltern

(Bastelideen)

... Freude bereiten – Sich für andere bemühen

Zu einem gebastelten Muttertags- oder Vatertagsgeschenk gestalten die Kinder nach eigenen Ideen ein Glückwunschbillet. Zusätzlich kann die Spielleiterin/der Spielleiter ein von den Kindern auswendig gelerntes Gedicht oder Lied in Form einer Kopie zur Erinnerung an diesen Festtag beifügen.

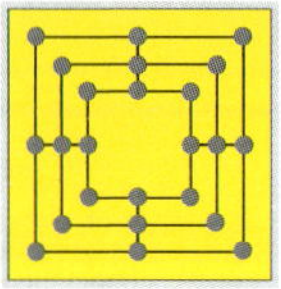

- **Mühlespiel**

Material

Lufthärtende Knetmasse (oder Bier- bzw. Limonadenkapseln, Knöpfe, kleine Steine), 2 verschiedene Lackmalfarben, Jutestoff (ca. 30 x 30 cm), 1 Flaschenkork, Stofffarbe, Pinsel, Filzstift (wasserfest), Lineal, Schere

Anleitung

Aus Knetmasse 18 kleine Kugeln formen und diese leicht flach drücken. Lufttrocknen, danach zweifärbig als Spielsteine bemalen (je 9 Stk. in einer Farbe!). Diese 18 Spielsteine können alternativ aus den oben angeführten Materialien hergestellt werden. Anschließend mit einem etwas breiteren Filzstift auf den quadratisch zugeschnittenen Jutestoff ein Spielfeld zeichnen (siehe Abb.). Den Korken mit Stofffarbe bestreichen und die Setzpunkte für die Spielsteine auf die Linien stempeln. Zur Zierde noch den Stoffrand ausfransen oder mit einer Zick-Zack-Schere zuschneiden.

- **Stecknadel-Kaktus**

Material

1 kleiner Tonblumentopf,
1 Styroporkugel (Ø ca. 4 cm), 1 Rundholzstab (Länge ca. 10 cm), Gips (Moltofill), Stecknadeln, Kieselsteine, geknüpfte bzw. gehäkelte Luftmaschenschnur (Länge ca. 50 cm), Klebstoff

Anleitung

Die Styroporkugel auf den Rundholzstab stecken und festkleben. Danach die Styroporkugel mit Klebstoff bestreichen und mit der Luftmaschenschnur zur Gänze umwickeln, dass vom Styropor nichts mehr sichtbar ist.

Anschließend den Stab in den Topf eingipsen und die Gipsoberfläche mit einigen Kieselsteinen bedecken. Zuletzt die Kugel mit mehreren Stecknadeln versehen, um die Stacheln des Kaktus anzudeuten.

Serviettenständer

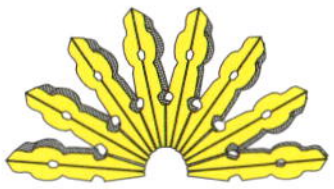

Abb. 1

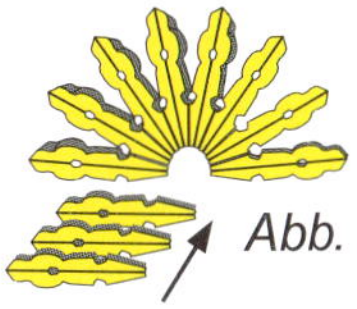

Abb. 2

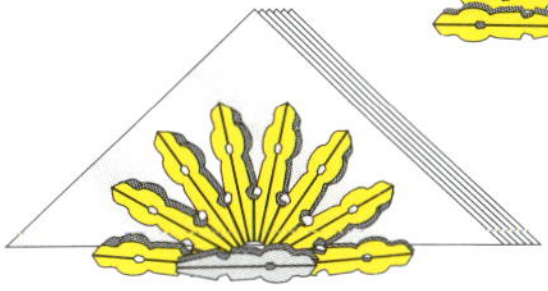

Abb. 3

Material

42 Stk. Bastel-Wäscheklammern (halbe Holzteile!), Kaltleim, Pinsel, Papierservietten

Anleitung

Alle halben Wäscheklammern Innenseite an Innenseite zu jeweils ganzen Teilen zusammenkleben (Rundungen sind außen!). Nun 8 dieser neuen Holzteile mit den zugespitzten flachen Enden aneinander kleben (Abb. 1). Es entsteht eine fächerförmige Seitenwand für den Serviettenständer. Die zweite Seitenwand wird auf die gleiche Art hergestellt. Für den mittleren Bodenteil drei Wäscheklammern seitlich aneinander kleben. Die beiden Seitenwände jeweils links und rechts an diesen mittleren Bodenteil leimen (Abb. 2). Danach die restlichen zwei Wäscheklammern seitlich an die beiden Wandfächer außen ankleben (Abb. 3). In den fertigen Serviettenständer zum Schluss noch die gefalteten Papierservietten stecken.

Lesezeichen

Material

2 Negativfilmstreifen (entwickelter Farbfilm), Stickgarn, Nadel, Schere

Anleitung

Zwei gleich lange Filmstreifen übereinander legen und mit Stickgarn an den Randlöchern einfassen. Die Fadenenden am Schluss miteinander verknüpfen und als Zierbänder hängen lassen.

Muttertagsherz aus Heu

Material

Heu, 3 Strohblumen (oder Stoffblumen), 1 Rundholzstab (Länge ca. 30 cm), Blumendraht, Zeichenkarton, Zierband, Tixo, Schere

Anleitung

Aus Zeichenkarton ein kleines Herz ausschneiden, in der Mitte des ausgeschnittenen Herzens den Rundholzstab mit Tixo befestigen. Beide Seiten des Kartonherzens nun vollflächig mit Heu abdecken und mit Blumendraht so umwickeln, dass das Heu fest verdichtet hält. Die Strohblumen mit dem Zierband befestigen und eine festliche Masche binden.

Was ich über Mama und Papa weiß

(Kopiervorlage)

.... Die Eltern näher kennen lernen – Vertraulichkeiten erfahren

Hallo du!

Kennst du deine Eltern ganz genau? Bitte die Eltern, dass sie die Fragen beantworten und über sich selbst etwas erzählen. Zum Schluss versuche Mama und Papa zu zeichnen!

Das sind meine Eltern!

Meine Mama heißt mit Vornamen: ....

Mein Papa heißt mit Vornamen: ....

Die Lieblingsfarbe meiner Mama ist: ....

Die Lieblingsfarbe meines Papas ist: ....

Welches Tier gefällt Mama am besten? ....

Welches Tier gefällt Papa am besten? ....

Welches Hobby hat meine Mama? ....

Welches Hobby hat mein Papa? ....

Die Lieblingsspeise meiner Mama ist: ....

Die Lieblingsspeise meines Papas ist: ....

Meine Mama wünscht sich am meisten: ....

Mein Papa wünscht sich am meisten: ....

So sieht Mama aus! ***So sieht Papa aus!***

Ich selbst heiße: ....

Was ich dir sagen möchte

Renate Steiner

(Gedicht)

.... Den Eltern Freude bereiten – Zum Muttertag/Vatertag gratulieren

Ich weiß, du hast viel Arbeit,
ich weiß, du musst viel tun,
ich weiß, du kannst gut kochen *(Auto fahren usw.)*,
hast wenig Zeit dich auszuruhn.

Ich möchte dich umarmen,
ich geb dir mein Geschenk,
du bist die beste Mutti *(der beste Vati)*
auf der ganzen Welt.

Liebe Mama!

Renate Steiner

(Gedicht)

.... Verbundenheit zur Mutter ausdrücken

Einige Jahre sind vergangen,
seitdem wir zusammen sind,
du hast mich geboren
und ich bin dein Kind.

Du hast mich gefüttert
und ich habe in die Windeln gemacht,
du hast mit mir geplaudert
und ich habe vor Freude gelacht.

Aber nun kann ich sprechen,
darum stehe ich heute vor dir:
„Mama, ich möchte dir für alles danken,
ich gebe dir viele Bussi dafür!“

Ich möchte mich bedanken

Renate Steiner

(Gedicht)

.... Innigkeit und Liebe zu Mutter/Vater ausdrücken

Wer hat mich aufgeweckt?
Wer hat den Frühstückstisch gedeckt?
Wer hat mich in den Kindergarten gebracht
und mir beim Abschied noch zugelacht?

Wenn ich geweint hab, bist du zu mir gekommen!
Wenn ich traurig war, hast du mich in deine Arme genommen!
Wenn ich müde war, hast du mich zu Bett gebracht
und ein Kreuzzeichen auf meine Stirne gemacht!

Kann ich mich jemals
für all deine Liebe bedanken?

Papa, Papa, schau mich an

Renate Steiner

(Lied)

.... Liebevolle Zuwendung zu den Eltern

F B F C7 F C7 F
Ref.: Pa - pa, Pa - pa schau mich an, ich zeig dir heut, was ich schon kann!
F C7 F C7 F
1. Ich kann tan - zen hin und her und das Dre - hen ist nicht schwer.

Ref.: Papa, Papa, schau mich an, ich zeig dir heut, was ich schon kann!

2. Ich kann singen li-la-lo, ja das Singen macht mich froh.
3. Ich kann springen wie ein Has, im Zickzack, das macht Spaß.
4. Ich kann schreiben groß und klein, meinen Namen ganz allein.
5. Ich kann malen rot und blau und auch eine schöne Frau.
6. Ich kann bauen einen Turm, schau er fällt gar nicht um.
7. Ich kann schneiden mit der Scher, schnipp-schnapp-schnapp, es ist nicht schwer.
8. Ich kann zählen 1, 2, 3, Äpfel, Nüsse, einerlei.
9. Ich kann fahren mit dem Rad, bergab, bergauf, es wird nie fad.
10. Ich kann turnen wie ein Clown, mache einen Purzelbaum.
11. Ich kann binden meinen Schuh, ganz alleine noch dazu.
12. Ich geb dir nun einen Kuss, damit mache ich jetzt Schluss.

Hinweis

Anstelle von Papa kann auch Mama (Oma, Opa usw.) gesungen werden.
Die Kinder stellen zum Text passend die Bewegungen dar.

Ich freu mich, wenn du fröhlich bist

Renate Steiner

(Lied)

.... Zusammengehörigkeit spüren – Wärme und Gefühle ausdrücken

F
1. Ich freu mich, wenn du fröh - lich bist, ich freu mich, wenn du
C7
F
lachst, ich freu mich, wenn du glück - lich bist und Spä - ße mit mir machst!

2. Du kitzelst mich am Oberarm, du zupfst an meinem Haar,
   ich hüpf auf deinem Schoß herum, das ist ja wunderbar.

3. Wir beide sind zusammen, das ist die schönste Zeit,
   ich weiß, heut ist dein Ehrentag, drum tanzen wir vor Freud!

4. Tra-lal-lal-lal-lal-lal-lal-la, tra-lal-lal-lal-lal-la,
   tra-lal-lal-la-lal-lal-lal-la, tra-lal-lal-lal-lal-la.

Spielimpuls

Bei der 4. Strophe reichen die Kinder der Mama/dem Papa die Hände und tanzen gemeinsam im Kreis herum.

Mein Papa

Renate Steiner

(Gedicht)

.... Dem Vater Liebe und Zuneigung schenken

Mein Papa kann weinen,
mein Papa kann lachen,
mein Papa kann lustige Späße
mit mir machen.

Mein Papa kann laufen,
mein Papa kann springen,
mein Papa kann lustige Lieder
mit mir singen.

Mein Papa kann rechnen,
mein Papa kann schreiben,
mein Papa kann lustige Dinge
mit mir treiben.

Du bist mein Papa
und ich hab dich lieb,
ganz allein für dich
sing ich nun ein Lied!

Wir Knirpse

Renate Steiner

(Lied)

.... Familienfest feiern – Gruppengemeinschaft leben

Das Lied wird zur Melodie von „Ich kenne einen Cowboy“ gesungen.

1. Wir sind die kleinen Knirpse,
   ihr alle habt uns gern,
   auch könnt ihr uns gut hören,
   von nah und von der Fern!

2. Wir sind im Kindergarten,
   das freut uns jeden Tag,
   auch manchmal gibt es Tränen,
   wenn jemand Heimweh hat!

3. Wir schneiden, kleben, weben
   und malen bunt ein Bild,
   nicht immer sind wir leise
   und manchmal sind wir wild!

4. Im Garten spieln wir lustig,
   wir fahren mit dem Rad
   und klettern auch auf Bäume,
   so wird uns niemals fad.

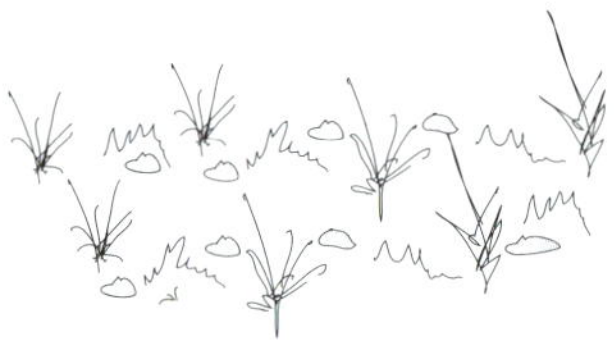

5. Auch feiern wir oft Feste,
   rund um das ganze Jahr,
   drum seid ihr heut gekommen,
   das ist doch sonnenklar!

6. Nun lasst uns alle klatschen,
   das Lied ist jetzt gleich aus,
   gemeinsam wolln wir spielen,
   wir gehn noch nicht nach Haus!

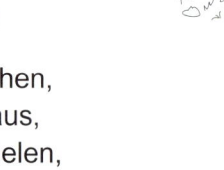

Die Eltern und Geschwister der Kinder werden zu einem Familienfest in den Kindergarten/die Schule eingeladen. Im Anschluss an das Lied kann mit verschiedenen Spielstationen, wie auf Seite 98 beschrieben, das Fest gemeinsam gestaltet werden. Für den Hunger und den Durst gibt es ein kleines Buffet.

Riecht ihr schon den Sommer?

Der Marienkäfer

Renate Steiner

(Gedicht/Fingerspiel)

.... Jegliches Leben achten – Umgang mit kleinen Lebewesen

Ein Käfer kommt geflogen,
er setzt sich auf die Hand,
er freut sich über die Wiese,
er freut sich über das Land.

Komm, setz ihn auf die Wiese,
zeig ihm ein grünes Blatt,
er wird dorthin krabbeln,
wo er auch Futter hat!

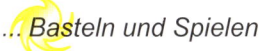

Marienkäfer aus Filmdose

(Bastelidee)

.... Basteln und Spielen

Material

Leere Filmdose, zwei kleine Holzperlen, Pfeifenputzer, Buntpapier (rot und schwarz), Filzstift, Klebstoff, Schere

Anleitung

Aus Buntpapier Augen und Mund ausschneiden und gestalten. Danach auf den Dosendeckel kleben. Von einem Pfeifenputzer zwei kurze Stücke für die Fühler abschneiden, darauf je eine Holzperle stecken und mit Klebstoff oberhalb der Augen befestigen. Die Flügel aus rotem Papier ausschneiden, schwarze Punkte darauf malen oder aus Buntpapier aufkleben. Für die Füße sechs kleine schwarze Papierstreifen zuschneiden und auf der Unterseite der Dose festkleben. Dadurch bekommt der Marienkäfer einen guten Halt.

Spielimpuls

Ein Kind versteckt den Marienkäfer im Garten, die anderen haben die Möglichkeit ihn zu suchen. Wer ihn als Erster findet, darf diesen erneut verstecken.

Schwanenfamilie

(Bastelidee)

.... Einfaches Falten – Kleine Weltspiel

Abb. 1

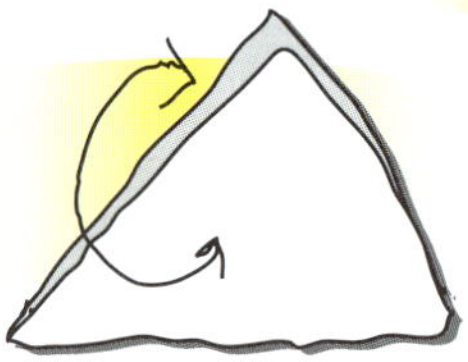

Abb. 2

Material

Seidenpapier, Zeichenkarton,
Papierservietten, Papiertaschentu
Filzstift, Klebstoff, Schere

Anleitung

Auf dem Zeichenkarton nach Vorlage (Abb. 1) den Schwanenkopf mit Hals aufzeichnen und ausschneiden. Danach den Kopf auf einer zuvor diagonal gefalteten Serviette aufkleben (Abb. 2). Die Serviette seitlich mit der Hand etwas zusammenraffen und den Schwan formen. Für die Schwanenjungen ein Papiertaschentuch bzw. eine kleinere Serviette verwenden. Aus blauem Seidenpapier oder Filz einen Teich gestalten und mit Steinen, Muscheln, Hölzern oder Ähnlichem eine Landschaft anlegen. Zufrieden mit ihrem neuen Zuhause zieht die Schwanenfamilie auf dem Miniaturteich von nun ab ihre Kreise.

Libelle

(Bastelidee)

.... Gräser sammeln – Kreatives Gestalten mit Naturmaterial

Material

3 Grasblüten (oberer Teil der Gräser),
2 Streichhölzer, Faden

Anleitung

Eine Grasblüte bildet den Körper, die zwei anderen Gräser die Flügel der Libelle. Beide Flügel am Körper mit Hilfe eines Fadens festbinden. Für die Augen werden zwei Streichhölzer ebenso an den Grashalm gebunden, sie dienen zur Stabilisierung des Körpers. In der Körpermitte nochmals einen Faden anbringen und die Libelle gut sichtbar im Raum aufhängen. Leise und zart bewegt sie sich bei jedem kleinsten Luftzug. Es können auch mehrere Libellen an einem Zweig in einer Vase befestigt werden. So entsteht sehr schnell ein bezauberndes Mobile!

Holzfloß

(Bastelidee)

.... Werken mit Hammer und Nagel – Spielzeugbau

Material

Weichholzplatte (ca. 25 x 15 cm),
Nägel, Hammer, Schnur

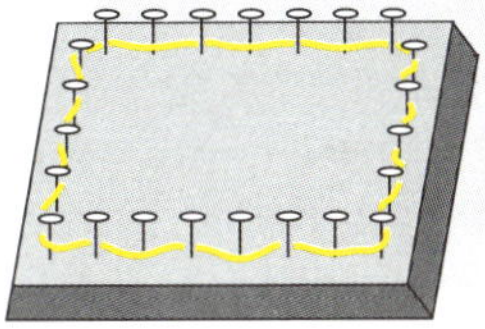

Anleitung

Den Rand entlang im Abstand von ca. 1 cm etwas längere Nägel in das Holz einschlagen, sodass die Nagelköpfe noch ein Stück herausragen. Die Nägel sollen fest halten und nicht wackeln, da um diese eine Schnur geschlungen (gewebt) wird. So entsteht ein Geländer für das Floß. Das Schnurende festknoten, danach kann das Floß auf einem Teich oder Bach (in der Badewanne usw.) schwimmen und mit kleinen Spielfiguren beladen werden.

Sonnenschild

(Bastelidee)

.... Lustvolles Gestalten – Kopfschmuck für Sommerfest – Sonnenschutz

Material

Zeichenkarton, Krepppapier, Malfarben,
Gummiband, Nadel, Klammermaschine
(Heftklammern), Schere

Anleitung

Die vorliegende Abbildung der Kopfgröße entsprechend auf den Zeichenkarton übertragen und ausschneiden. Das Schild bunt bemalen oder in einer beliebigen Technik gestalten. Es kann auch der Name des Kindes in Zierschrift darauf geschrieben werden. Zur weiteren Dekoration an beiden Enden noch einige bunte Krepppapierstreifen mit Heftklammern fixieren (siehe Abb.). Anschließend ein Gummiband anbringen, damit die Schildkappe fest sitzt. Ein beliebter und zweckmäßiger Sonnenschutz für die Augen ist fertig!

Wasserspiele im Garten

(Spiele für heiße Tage)

.... Bewegungs- und Sinneserfahrungen – Spaß am „Nasswerden“

- **Wasserschlauchfontäne**

In einen Gartenschlauch ca. alle 20 cm Löcher stechen. Den Gartenschlauch an einem Wasserhahn anschließen und in der Wiese auflegen. Alle Kinder tragen bei dem Spiel Badekleidung! Das Wasser aufdrehen und schon können verschiedene lustige Wasserspiele durchgeführt werden, z. B.:

- *Im Zickzack über den Schlauch springen*
- *Mit Händen und Füßen, auf allen Vieren der Länge nach über den Schlauch krabbeln (Schlauch unter dem Bauch!)*
- Froschhüpfen *(entlang des Gartenschlauches)*
- *Flusskrebslauf (mit Füßen voran, den Rücken zum Gartenschlauch gewandt)*
- *Auf dem Schlauch balancieren usw.*

Den durchlöcherten Gartenschlauch zwischen zwei Bäume hängen, die Kinder laufen einzeln oder in Gruppen unten durch. In kurzen Intervallen den Wasserhahn auf- und zudrehen und ein erfrischender Sprühregen ergießt sich über die Kinder! Wen erwischt wohl der kalte Wolkenbruch? An heißen Tagen ist es ein besonderes Erlebnis für die Kinder, auf diese lustige Art eine erfrischende Dusche zu bekommen!

- **Wasserrutsche**

Sind die Tage sehr heiß, bietet sich eine Plastikfolie im Garten als Wasserrutsche für lustige Spiele an. Für diesen Zweck eine etwas stärkere Folie (ca. 1 m breit, 5 m lang) aus dem Baufachhandel besorgen und auf einem Wiesenhügel auflegen. Dabei die Folie an den vier Eckpunkten mit Zelthaken fest in der Erde verankern. Die Haken müssen tief genug eingeschlagen werden, um mögliche Verletzungen zu vermeiden. Anschließend mit einem Gartenschlauch Wasser auf die Folie spritzen und ausreichend Wasser über die Folie laufen lassen. Die Kinder benötigen für den gemeinsamen Spaß ihre Badekleidung und können sich nach Lust und Laune auf der Rutschbahn austoben und dabei abkühlen!

- **Baumdusche**

Eine große, leere Gießkanne mit einem Seil an einem geeigneten, starken Ast aufhängen. (Der Ast darf nicht brechen, auch wenn die Gießkanne mit Wasser gefüllt ist!) Die Spielleiterin/der Spielleiter füllt nun mit dem Gartenschlauch Wasser in die Gießkanne und befestigt ein zweites Seil vorne am Ausgießrohr der Kanne. Dieses Seil hängt so weit nach unten, dass die Kinder daran ziehen können. Jedes Kind, das eine erfrischende „Baumdusche" möchte, kann nun an diesem Seil ziehen und sogleich kippt die Gießkanne vornüber und ein kalter „Schwapp Wasser" oder „Sprühregen" klatscht bzw. spritzt nach unten. Bei großer Hitze geben sich die Kinder begeistert diesem erfrischenden und kühlen Nass hin. Vorher auf die richtige Badekleidung achten. Ist die Gießkanne leer, wird sie mit dem Schlauch wieder gefüllt.

- **Großes Wellentuch**

Mehrere Kinder breiten zuerst eine möglichst große, dünne Plastikfolie (ca. 2 m x 5 m) auf einer ebenen Fläche im Garten aus. (Der Preis einer dünnen Folie ist günstig, sie ist im Baufachhandel erhältlich). Dann stellen sich die Kinder um die Folie herum auf. Sie nehmen die Folie in die Hände und halten sie in Bauchhöhe.
Alle gemeinsam versuchen nun verschiedene Bewegungen und Spiele mit der Plastikfolie (vorerst ohne Wasser) auszuführen, z. B.:

- *Auf und Abbewegungen*

  Mit der Plastikfolie Wind erzeugen und auch Wellen darstellen. Dabei versuchen die Kinder ihre Augen zu schließen, um die aus den Bewegungen resultierenden Geräusche (Rascheln, leises Knistern, säuselnder Wind usw.) intensiver wahrzunehmen. Dabei soll auch versucht werden, verschiedene Luftbewegungen (leichter Wind, starker Luftzug usw.) zu erspüren.

- *Folie hochheben*

  Zwei Kinder laufen unter der hochgehaltenen Plastikfolie durch und tauschen ihre Plätze aus.

- *Um die Folie herumlaufen*

  Ein Kind lässt die Folie los, läuft um alle anderen herum und stellt sich hinter einem frei gewählten Kind auf, um dessen Platz einzunehmen. Dieses läuft nun genauso um die Gruppe herum und sucht wiederum einen Platz hinter einem anderen Kind usw.

- *Tischtennisball auf gespannter Folie umher rollen lassen*

  Ein Tischtennisball wird auf der Folie durch einseitiges bzw. wechselseitiges Hochheben und Absenken derselben in Kreisrichtung (oder hin und her) bewegt.

- *Luftballons mit der Folie in die Höhe werfen*

  Durch das Auf- und Abbewegen der Folie werden mehrere Luftballons in die Höhe geworfen und zum Schweben gebracht.

- *Wasser mit der Folie zum Schwappen bringen*

  Einen Becher Wasser auf die gespannte Folie leeren, mit der Folie sacht das Wasser hin und her bewegen, ohne dass es herunterrinnt. Zum Abschluss diese schwungvoll hochziehen, das Wasser spritzt nach allen Seiten wie bei einem Springbrunnen weg!

Im Sommer

Renate Steiner

(Lied)

.... Freude an gemeinsamen Sommeraktivitäten

C
G7
C
1.
G7
2.
G7
C
1. Weißt du was? Im Som-mer geh'n wir ba-den, ja, das macht Spaß! das macht Spaß!

2. Weißt du was?
   Im Sommer gehn wir rudern, ja, das macht Spaß!
3. Weißt du was?
   Im Sommer gehn wir wandern, ja, das macht Spaß!
4. Weißt du was?
   Im Sommer gehn wir Rad fahrn, ja, das macht Spaß!
5. Weißt du was?
   Im Sommer gehn wir Rollschuh fahrn, ja, das macht Spaß!
6. Weißt du was?
   Im Sommer gehn wir klettern, ja, das macht Spaß!
7. Weißt du was?
   Im Sommer gehn wir schaukeln, ja, das macht Spaß!
8. Weißt du was?
   Im Sommer gehn wir Roller fahrn, ja, das macht Spaß!

Spielimpuls

Zum Text passend die Bewegungen ausführen!

Weiterführende Idee

Ein Kind zeigt die Aktivität pantomimisch vor, z.B. Schwimmbewegungen mit den Händen oder Füßen. Alle anderen suchen den richtigen Begriff für die dargestellte Bewegung und singen anschließend die jeweilige Liedstrophe dazu.

Sonnenblumenhut

(Bastelidee)

.... Kopfschmuck für das Blumenfest anfertigen

Material

Gelbes Krepppapier, 1 runde Käseschachtel, Gummiband, Pinsel, braune Malfarbe, Klammermaschine (Heftklammern), Klebstoff, Schere

Anleitung

Den Deckel einer runden Käseschachtel außen mit brauner Farbe bemalen. Dieser Teil bildet das Innere der Sonnenblumenblüte. Danach mehrere Blütenblätter aus gelbem Krepppapier ausschneiden und am Deckelrand festkleben, sodass die Käseschachtel nun wie eine Sonnenblume aussieht. Zum Schluss noch mit Heftklammern ein Gummiband befestigen und den farbenprächtigen Kopfschmuck aufsetzen. Beschwingt tanzen nun viele Blumenkinder in der Sonne!

Sonnenblumentanz

Renate Steiner

(Lied/Tanztheater)

.... Blumenfest im Sommer gestalten – Tänzerische Ausdrucksformen finden

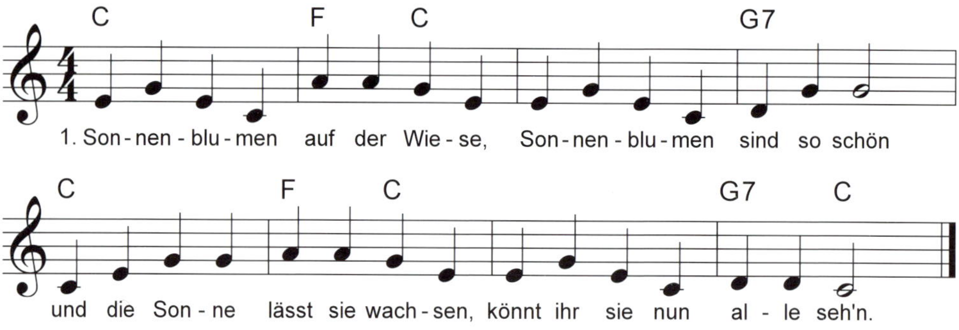
C F C G7
1. Son-nen-blu-men auf der Wie-se, Son-nen-blu-men sind so schön
C F C G7 C
und die Son-ne lässt sie wach-sen, könnt ihr sie nun al - le seh'n.

2. Und sie wiegen sich im Winde, schaukeln langsam hin und her, drehen ihren Kopf zur Sonne, seht das gelbe Blumenmeer.

Spielimpuls

Die gesamte Tanztheatergruppe trägt ein Blumenkostüm (Überwurfkleid aus grünem Krepppapier, grünes Gewand usw.) sowie einen Kopfschmuck (siehe Bastelidee „Sonnenblumenhut"). Bevor das Lied gesungen wird, verteilen sich die „Blumenkinder" auf der Wiese im Garten. Gemeinsam beginnen sie das Lied zu singen und führen zum Text passend die Bewegungen aus. Obendrein kann ein anderes Kind in gelber Kostümierung die Sonne spielen. Dieses geht nun zwischen den „Blumenkindern" frei umher und hält eine große, aus Zeichenkarton gebastelte Sonne in der Hand.

Spielvariante

Der Liedertext kann mit anderen Blumennamen (Gänseblümchen, Glockenblumen usw.) variiert werden. Die Kostüme sind dann dementsprechend zu verändern. Hübsch wirken auch Hüte, die farblich auf die besungenen Blumen abgestimmt sind.

Der heiße Tipp

Das Tanztheater lässt sich sehr schön im Rahmen eines Blumenfestes zum Muttertag/Vatertag von den Kindern aufführen. Dazu werden die Eltern in den Kindergarten/die Schule eingeladen und erleben gemeinsam mit ihren Kindern fröhliche Stunden.

9. Kapitel

Auf in ferne Länder!

Spielideen aus aller Welt
Urlaubszeit/Reisezeit

Herzlich willkommen!

Spielideen aus aller Welt

Okeleke

(Afrikanisches Kinderspiel)

.... Rhythmisches Bewegen – Beidhändige motorische Förderung

Schulter an Schulter knien die Kinder im Kreis auf dem Boden bzw. auf der Wiese im Garten. Vorher zieht jedes Kind seinen linken oder rechten Pantoffel (Schuh/Hausschuh) aus und hält diesen nun auf dem Boden kniend in der rechten Hand. Alle sprechen im gleichen Rhythmus gemeinsam das Wort „O-kele-ke“ und führen die beschriebenen Bewegungen dazu aus:

Bei **„O“** *wird der Pantoffel hochgehoben,*
bei **„kele“** *klopft jedes Kind damit einmal vor sich auf den Boden,*
bei **„ke“** *legen alle den Schuh vor die Knie des rechten Nachbarn.*

Jedes Kind hat nun den Pantoffel (Schuh/Hausschuh) seines linken Nachbarn vor sich liegen. Das Wort „O-kele-ke“ wird mit den zugehörigen Bewegungen so oft wiederholt, bis jedes Kind den eigenen Schuh (nach einer gesamten Runde!) erneut vor sich liegen hat. Anschließend kann ein neues Spiel mit Richtungswechsel begonnen werden und statt der rechten ist nun die linke Hand in Aktion. Es erfolgt eine gute beidhändige grobmotorische Förderung. In weiterer Folge soll auch der Spielrhythmus zwischen schnell und langsam verändert werden bzw. ist auch die Lautstärke variierbar.

Im Besonderen eignet sich dieses lustige Spiel für Elternabende, da es bei Okeleke keine Verlierer gibt und vor allem die Freude am gemeinschaftlichen Spielen im Vordergrund steht.

Fetzenball fangen

(Ballspiel aus Marokko)

.... Freude und Spaß an gemeinsamer Rhythmik

Vor dem Spiel knüllt man gebrauchte Stoffreste zu einer Kugel zusammen und umwickelt diese mit einer festen Schnur. So entsteht ein weicher Stoffball, der von den Kindern gut gefangen werden kann und nicht allzu

stark abprallt. Die Spielidee stammt aus Marokko und soll den Kindern zeigen, wie man aus einfachen Dingen Spielgegenstände anfertigt.
Die Kinder bilden zwei Mannschaften (je Mannschaft 2 bis max. 20 Kinder), die sich im Freien bzw. im Turnsaal gegenüber aufstellen. Die Kinder jeder Mannschaft stehen dabei in einer Reihe nebeneinander. Diese Aufstellung wird während des gesamten Spieles beibehalten. Zu Beginn des Spieles wirft ein ausgewähltes Kind den „Stofffetzen-Ball“ der gegnerischen Mannschaft zu. Das Kind, auf das der Ball zufliegt, versucht den Ball mit den Händen zu fangen. Während des Fangens stampfen die übrigen Kinder dieser Mannschaft mit den Füßen. Anschließend wird der Ball von diesem Kind zurückgeworfen. Beim Abwurf klatschen nun die Mitspieler seiner Mannschaft einmal in die Hände.
Beide Mannschaften sollen gleichmäßig im Takt fangen und werfen, klatschen und stampfen, wobei sich allmählich ein Rhythmuserlebnis besonderer Art einstellt. Das Tempo des Spieles kann beliebig variiert werden, wobei es weder Sieger noch Verlierer gibt.

Dakpanay

(Philippinisches Laufspiel)

.... Körperliche Geschicklichkeit und Schnelligkeit fördern

Die Spielleiterin/der Spielleiter zeichnet mit Kreide vier oder fünf große Kreise im Freien auf einem ebenen Boden (z.B. Asphalt oder Beton) auf. Es können auch Gymnastikreifen in die Wiese gelegt bzw. die Kreise mit Hilfe von Seilen dargestellt werden. Die Kreise symbolisieren anschließend im Spiel schützende Inseln. Zwischen den einzelnen Inseln soll ein Abstand von mindestens drei Metern liegen. Nun laufen alle Kinder von Insel zu Insel, während ein Kind als „Fänger“ versucht, ein anderes Kind außerhalb einer Insel zu fangen. Der Fänger darf jedoch selbst keine der Inseln betreten, ihm ist weiters nicht erlaubt die darin befindlichen Kinder zu fangen! Bei dem Laufspiel bewegen sich die Kinder in allen Richtungen frei auf dem Spielfeld umher. Wer gefangen wird, übernimmt die Rolle des Fängers und begibt sich auf die Jagd. Das Spiel wird je nach Kondition der Kinder beliebig lange fortgesetzt.

Sandbilder zeichnen

(Afrikanisches Kinderspiel)

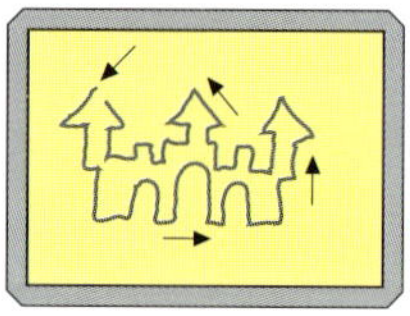

.... Förderung der Feinmotorik und der Fantasie

Das Spiel wird einzeln oder in einer kleinen Gruppe gespielt. Dazu benötigt man die Sandkiste oder eine Sandwanne mit möglichst feinem Sand. Die Spielleiterin/der Spielleiter gibt ein Motiv vor, das von den Kindern mit einem Holzstab in den Sand gezeichnet wird. Bei der Ausführung des Motivs dürfen die Kinder ihrer Fantasie freien Lauf lassen. Wichtig ist, dass sie das Bild mit einer durchgehenden Linie zeichnen. Dabei sollte vermieden werden, eine bereits gezogene Linie ein zweites Mal nachzufahren. Als Motive eignen sich z. B. der Mond, ein Luftballon, eine Blume, eine Schnecke, eine Wolke oder ein Baum besonders gut. Gefragt sind auch eigene Entwürfe und fantasievolle Darstellungen der Kinder.

Tanz der Indianer

Renate Steiner

(Freudentanz)

.... Fremde Kulturen kennen lernen – Rhythmusgefühl erleben

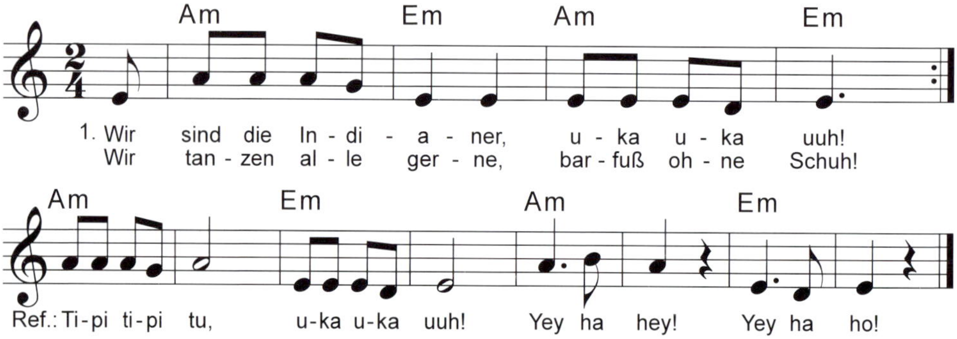
Am Em Am Em
1. Wir sind die In - di - a - ner, u - ka u - ka uuh!
Wir tan - zen al - le ger - ne, bar - fuß oh - ne Schuh!
Am Em Am Em
Ref.: Ti-pi ti-pi tu, u-ka u-ka uuh! Yey ha hey! Yey ha ho!

Ref.: Tipi tipi tu, uka uka uuh!
Yey ha hey! Yey ha ho!

2. Wir tanzen um das Feuer, uka uka uuh!
Wir stampfen mit den Füßen, immer laut dazu!

3. Wir haben große Trommeln, uka uka uuh!
Wir schlagen auch den Rhythmus, ohne Rast und Ruh!

4. Wir schleichen nun im Kreise, uka uka uuh!
Wir singen auch ganz leise, wer hört uns noch zu?

Tanzimpuls

Die Kinder bilden einen Kreis, in der Mitte wird eine Feuerstelle aus Seidenpapier (mit Steinen begrenzt) aufgebaut bzw. angedeutet. Im Freien kann eine echte Feuerstelle errichtet werden, soferne dafür ausreichende Möglichkeiten gegeben sind (Absicherung des Feuers, Beaufsichtigung der Kinder usw.). Die Kinder tanzen singend und springend in ihren Kostümen um das Feuer.

Folgende Tanzschritte begleiten den Gesang:

Zu den Strophen jeweils

4 Seit-Anstellschritte nach rechts, 4 nach links.

Zum Refrain

2 Seit-Anstellschritte nach rechts, 2 nach links,
2 Seit-Anstellschritte nach rechts und wieder nach links.

Die verkleideten „Indianer" tanzen einmal schneller oder langsamer, singen lauter oder leiser und stellen so zum Text passend die Bewegungen dar.

Indianerfest „Rote Feder"

(Gestaltungsimpulse)

.... Stimmungsvolles Kostümfest im Freien

Indianerverkleidung vorbereiten

- *Indianerkostüm*

  Einfache Kostüme lassen sich in kurzer Zeit aus Kartoffelsäcken (Jutestoff) herstellen. Mit Stempeln und Stofffarben werden darauf bunte Muster bzw. Zeichen gedruckt.

- *Indianerkopfschmuck*

  In einen Wellpappestreifen (ringförmig zusammengeheftet) stecken die Kinder bunte Federn und verzieren diesen als Indianerkopfschmuck nach eigenen Vorstellungen. Weiters schminkt sich jedes Kind das Gesicht wie ein Häuptling (Medizinmann, Krieger oder Jäger). Auch Indianerinnen (Squaws) mit geflochtenen Zöpfen und einfallsreichem Kopfschmuck sind auf dem Fest gerne gesehen!

- *Halsketten*

  Perlen, Korken, Federn usw. auf geeignete Schnüre fädeln und verschiedene bunte Halsketten herstellen.

Festablauf

Zu Beginn des Festes erhält jedes Kind einen Spielepass. Dieser besteht aus einem Blatt Papier, das zu einem Indianerzelt gefaltet wurde. Auf dem Spielepass sind die Spielstationen durch Symbole gekennzeichnet und die darin vorgesehenen Aufgaben ersichtlich. Alle Symbole sind in der gleichen Farbe wie die zugehörige Station dargestellt! An jeder Station erhalten nun die Kinder als Preis für ihr aktives Mitmachen eine in der jeweiligen Farbe des Symboles gehaltene Indianerfeder (oder Perle für die Halskette). Diese Dinge können während des Festes für verschiedene Basteleien verwendet werden (siehe „Indianerkopfschmuck" bzw. „Halsketten")! Zum Abschluss des Festes trägt ein gemeinsamer Indianertanz zu guter Laune und bester Stimmung bei (siehe „Tanz der Indianer").

Folgende Spielstationen stehen der Spielleiterin/dem Spielleiter zur Gestaltung des Festes neben eigenen Ideen zur Verfügung:

- *Tipi (Indianerzelt)*

  Als Rätselstation aufbauen, Indianerrätsel vorbereiten und mit den Kindern die Ratespiele durchgehen (z. B. das Foto eines Büffels zeigen, die Kinder benennen anschließend das Tier, weiters Fußspuren aus Sachbilderbüchern Tieren auf Fotos zuordnen).

- *Trommel schlagen*

  Indianertrommeln aus verschiedenen großen und kleinen Dosen basteln, danach mit den Händen die Trommeln schlagen.

- *Schneeschuhläufer*

  Jeweils zwei Kinder laufen mit Holzbrettern an den Füßen (Holzbrett mit Lederschlaufen) um die Wette.

- *Schminkstation*

  Die Kinder versuchen sich als Häuptling „Rote Feder" zu schminken.

- *Fische fangen im Fluss*

  Mit einem Fischernetz (Kescher) holen die Kinder aus einer mit Wasser gefüllten Wanne oder einem Planschbecken bunte Fische (aus Plastik oder Holz), Muscheln, Seesterne usw. heraus.

- *Auf die Jagd gehen*

  Die Kinder tauchen einen Finger in Ketchup, gehen mit verbundenen Augen zu einem an der Wand hängenden Tierbild (z. B. Büffel, Kuh) und versuchen blind das Tier mit dem Finger zu treffen. (Ketchup-Punkt darauf setzen!)

- *Schatzsuche im Indianerland*

  In der Sandkiste bzw. im Sand einer Wanne sind verschiedene Gegenstände vergraben (Münze, Ring, kleine Schatzkiste, Edelstein usw.), nach denen die Kinder suchen.

- *Kletter- und Balanceübungen in der Natur*

  Über Baumstamm, Findling (großer Stein) oder Turngeräte (Turnbank) verschiedene Kletter- und Balanceübungen durchführen.

- *Lagerfeuer*

  Gemeinsam Würstel grillen und Kartoffeln braten.

- *Friedenspfeife rauchen*

  Statt Pfeifenrauch steigen Seifenblasen in die Höhe und schillern bunt im Licht.

- *Indianertanz/Abschlusstanz*

  Siehe Seite 134 „Tanz der Indianer“.

Al´ je lep ovaj svet (Ach wie schön ist diese Welt)

(Serbokroatisches Gedicht)

.... Fremdsprache hören und sprechen

Al´ je lep	Ach wie schön
ovaj svet,	ist diese Welt,
onde, potok,	Wiesen, Blumen,
ovde, cvet.	Bach und Feld.
Al´je lep	Ach wie schön
ovaj svet!	ist diese Welt!

Hinweis

Bei dem vorliegenden Spruch handelt es sich um ein weit verbreitetes und sehr beliebtes Gedicht aus dem ehemaligen Jugoslawien.

Urlaubszeit/Reisezeit

Wir machen eine Reise

Renate Steiner

(Finger- und Körperbewegungsspiel)

.... Wortschatz erweitern – Mit dem Körper „sprechen"

Die Kinder (einzeln oder in der Gruppe) strecken den genannten Finger aus und führen zum Text passend die Bewegungen durch! Das Spiel kann sitzend oder stehend ausgeführt werden.

Alle Finger einer Hand

„Wir machen eine Reise und fahren um die Welt!"
(Mit ausgestrecktem Arm einen Kreis beschreiben)

Der erste Finger

„Ich fahre mit dem Auto, weil es mir gefällt!"
(Mit beiden Händen Lenkradbewegungen nachahmen)

Der zweite Finger

„Ich sitze in der Eisenbahn und schaue mir die Landschaft an!"
(Eine Hand über die Augen halten und bedächtig hin und her schauen)

Der dritte Finger

„Ich segle übers weite Meer, mein Schiff das schaukelt hin und her!"
(Sitzend oder stehend mit dem Körper wie ein Schiff schaukeln)

Der vierte Finger

„Ich fliege über hohe Berge, die Menschen sehen aus wie Zwerge!"
(Beide Arme seitwärts strecken und ein Flugzeug im Kurvenflug imitieren)

Der fünfte Finger

„Doch ich wandere zu Fuß und schick dir einen lieben Gruß!"
(Mit beiden Füßen trappeln, Bussi schicken und zum Abschied winken)

Schiff ahoi

(Kopiervorlage)

.... Optisches Erfassen verfeinern – Grafisches Umsetzen von Formen

Hallo du!

Wie sieht das Boot aus, mit dem die Kinder hier unterwegs sind? Zeichne mit einem Buntstift zuerst Linien von Pfeil zu Pfeil und verbinde zum Schluss die Zahlen von 1 – 6. Ob das ein Unterseeboot wird? Ist das Schiff sichtbar geworden, darfst du es noch bunt bemalen. Es bittet dich einzusteigen, um damit auf eine anregende Fantasiereise zu gehen. Was war deine spannendste Schiff- oder Bootsfahrt bisher? Kannst du davon erzählen?

Bon giorno, komm tanze mit mir

Renate Steiner

(Tanzlied)

.... Neugier auf fremde Sprachen wecken – Sprachverständnis fördern

Begrüßung/Verabschiedung (Italien)

2. „Dober dan, dober dan", komm tanze mit mir!
   Ich reich dir meine Hände, wir hüpfen ohne Ende im Kreis herum!
   Doch nun, doch nun, doch nun muss ich gehn, ich sag:
   „Dovi denja", auf Wiedersehn!

Begrüßung/Verabschiedung (Kroatien)

3. „Kalimera, kalimera", komm tanze mit mir!
   ...„Jassu, jassu", auf Wiedersehn!

Begrüßung/Verabschiedung (Griechenland)

4. „Buenas dias, buenas dias", komm tanze mit mir!
   ...„Hasta la vista", auf Wiedersehn!

Begrüßung/Verabschiedung (Spanien)

5. „Merhaba, merhaba", komm tanze mit mir!
   ...„Güle, güle", auf Wiedersehn!

Begrüßung/Verabschiedung (Türkei)

6. „Hello, hello“, komm tanze mit mir!
   ...„Goodbye“, auf Wiedersehn!

   Begrüßung/Verabschiedung (Amerika/England)

7. „Bonjour, bonjour“, komm tanze mit mir!
   ...„Au-revoir“, auf Wiedersehn!

   Begrüßung/Verabschiedung (Frankreich)

Spielimpuls

Die Kinder bilden einen Kreis. Ein Kind geht auf ein anderes Kind zu, begrüßt dieses und holt es zum Tanz. Danach erfolgt zum Liedtext passend die Verabschiedung. Beide schütteln sich dabei die Hände und winken einander zu. Danach begrüßen sie zwei weitere Kinder usw.

Wir alle sind Kinder dieser Erde

Renate Steiner

(Abschlusslied)

.... Miteinander durch das Jahr – Soziale Werte vermitteln

Am
Dm
E
Ref.: Wir al - le sind Kin - der die - ser Er - de, Freun - de wol - len wir wer - den,
Am
E
al - le. 1. Wir wol - len tei - len un - ser Brot, wir wol - len hel - fen in der
Am
Dm
Am
E
Am
Not, wir wol - len la - chen, glück - lich sein. Wir al - le, groß und klein.

2. Wir alle sind Kinder dieser Erde, Freunde wollen wir werden, alle!
   Wir wollen singen heut ein Lied, wir wollen Frieden und nicht Krieg,
   wir wollen lachen, glücklich sein, wir alle, groß und klein.

Schlussvariante

Die zweite Strophe ganz durchsingen, im Anschluss daran die erste Zeile mit folgendem Gebetstext wiederholen:

„Im Namen des Vaters und des Sohnes und des Heiligen Geistes, Amen.“

Durch das gemeinsame Kreuzzeichen erhält das Lied einen feierlichen Abschluss.

Die AutorInnen stellen sich vor!

Renate Steiner

Renate Steiner ist Kindergartenleiterin und bringt eine Fülle an sprühenden, zeitgemäßen Ideen aus der Praxis für die Praxis in ihre Bücher ein.
Die Autorin wurde am 20.02.1957 in Wien geboren.
Bundesbildungsanstalt für Kindergartenpädagogik und Horterziehung, Leiterin des CARITAS Kindergarten Wien, ab1978 Kindergartenleitung Irrsdorf/Straßwalchen bei Salzburg.
Kinderbuchautorin – Texte – Kompositionen.

Franz Steiner

Franz Steiner ist freier Schriftsteller, PC-Grafiker, Texter und Liedermacher. Er führt erfolgreich verschiedene Programme an Volksschulen im Rahmen der Lese- und Schreibförderung durch.
Der Autor wurde am 12.12.1953 in Altenmarkt/Pg./Sbg. geboren.
Bundesfachschule für Flugtechnik – HTL für Kunststofftechnik – Betriebsingenieur – Unternehmer – seit 1996 freier Schriftsteller.
Lieder – Gedichte – Erzählungen – für Kinder, Jugendliche und Erwachsene, sowie Fotografie und PC-Grafiken.

Renate und Franz Steiner sind seit 1978 verheiratet und leben in Henndorf am Wallersee bei Salzburg. Sie haben einen erwachsenen Sohn.
Als Kinderbuchautoren sind sie über die Grenzen Österreichs bestens bekannt. Neben ihrer Autorentätigkeit führen sie pädagogische Fortbildungsseminare sowie künstlerische Autorenabende für Erwachsene durch. Darüber hinaus bietet das Ehepaar Steiner ein ausgewähltes Programm für die Gestaltung von Elternabenden in Kindergärten an.

Kontaktadresse:
Renate und Franz Steiner
Eichenweg 22
A - 5302 Henndorf
Tel.: 06214 / 61 85
Fax: 06214 / 61 85 - 13
E-Mail: f.r.steiner@aon.at